Sergio Siminovich • Rodrigo de Caso

I0152030

UN BAROCCO POSSIBILE

Come preparare un Oratorio Musicale del Settecento

edipan

SIMINOVICH S. - DE CASO R.
UN BAROCCO POSSIBILE
Come preparare un Oratorio Musicale del Settecento
ISBN 978-88-905478-2-9

Titolo originale: Un barroco posible: Claves para la interpretación musical
Prima edizione versione spagnola
La Plata : Universidad Nacional de La Plata © 2013
Prima edizione versione italiana
EDI-PAN srl, Roma © 2017

Traduzione di Sabina Gagliardi

Immagine di copertina: Jimena Zeitune

EDI-PAN srl - Via Caposile, 6 - 00195 - Roma
e-mail edipan@edipan.com
URL: www.edipan.com

INDICE

In accompagnamento al libro è disponibile l'audio della registrazione dell'Oratorio Giuda Maccabeo all'indirizzo www.edipan.com/ubp

Prologo

In principio era... il Verbo (Vangelo secondo S. Giovanni)

Abbiamo chiamato questo lavoro *Un Barocco Possibile*, in quanto è propria dell'indole del Barocco una grande Flessibilità Interpretativa: questo periodo privilegia la coesistenza di differenti versioni, sia per il testo musicale che per le sue opzioni espressive. Lo si può osservare già a partire dalla notazione, che era "approssimativa", una sorta di *"aiuto-memoria"* che fungeva da suggerimento per l'*estemporizzazione*. E con questo spirito di improvvisazione dovremmo affrontare le opere, ovviamente entro certi limiti, e cioè senza oltrepassare i confini del linguaggio armonico e stilistico dell'epoca.

L'obiettivo del presente lavoro è fornire accorgimenti pratici per preparare un oratorio, genere culminante del Barocco, ricco in possibilità e... (la sua maggiore virtù) dilemmi!

Il genere oratoriale è il più completo di quel periodo: paradossalmente viene frequentato molto poco, per un'infinità di ostacoli organizzativi ed economici. È nostra speranza che il presente lavoro contribuisca a semplificarne alcuni aspetti e a diffondere l'entusiasmo che simili grandiose opere meritano. Il libro è diretto a:

- Direttori di coro che osano perdere il panico "sociologico" di dirigere anche degli strumentisti.
- Direttori d'orchestra che desiderano familiarizzare con i tesori nascosti nei testi corali.
- Solisti vocali che vogliono acquisire i mezzi per essere a proprio agio con queste epopee musicali.
- Strumentisti che si avvicinano alla prassi antica o che, già familiarizzati con essa, ambiscono a razionalizzare la grammatica di questo linguaggio.
- Coristi che aspirano ad avere una visione globale e compiuta della più grande avventura musicale del Barocco: l'oratorio.

Il libro è così strutturato:

- A. **Contesto Storico**: affronteremo alcune considerazioni generali sulla funzione dei testimoni dell'epoca (i Trattati) e sull'alternativa che oggi si impone come cruciale (strumenti moderni o antichi?), cercando di presentare dialetticamente le differenti posizioni in materia.
- B. **Dilemmi interpretativi**: considereremo le diverse Variabili (dinamica, articolazione, ecc.), fornendo, per ogni argomento, un elenco di proposte, mostrando che esse, in realtà, possono essere usate anche in senso esattamente opposto, ottenendo comunque un'interpretazione coerente: in effetti il negativo di una foto pur mostra l'immagine con altrettanta chiarezza.
- C. **Varie ed eventuali**: compariranno temi laterali come il rapporto con i solisti, il posizionamento del coro, la preparazione delle partiture, ecc., che di solito sono molto importanti nell'allestimento della Mega Produzione di un oratorio.
- D. **Analisi di 221 esempi** estratti dal più esauriente degli oratori di Haendel, Giuda Maccabeo, che ci mostrerà un campionario di applicazioni espressive, facilmente estensibili ad opere analoghe.

E. **Osservazione al microscopio**: a differenza della visione selettiva
    e "random" del punto precedente, presentiamo qui una dissezione
    minuziosa di un numero corale e di un numero solistico, tentando di
    giustificare meticolosamente l'interpretazione di CIASCUNA nota.
F. **Appendici**: abbozziamo alcuni dei tanti temi collaterali che si manifestano
    non appena ci addentriamo nella dilemmatica barocca. In particolare
    porremo l'attenzione su quelli più basilari: le Ornamentazioni e le Arcate.

A. CONTESTO STORICO

Capitolo 1: Trattati

Ci sono molti trattati dell'epoca barocca che sono sopravvissuti, fortunatamente. Fortunatamente?

Consideriamo prima l'evidente aspetto positivo: grazie ai trattatisti (giacché i compositori non erano soliti aggiungere indicazioni interpretative) disponiamo di ricche informazioni su molti aspetti. Possiamo quindi, fino a un certo punto, *dedurre* l'intenzione di opere tanto lontane nel tempo. Diciamo *intenzione* e non *interpretazione corretta* perché la parola "interpretazione" mostra in maniera eloquente il relativismo della sua portata. Questa possibilità di decifrare (postulare?) l'*intenzione* può guidarci, ispirarci e, inoltre, permetterci di trasmettere con maggior quantità di elementi la nostra visione di un'opera a coloro che andremo a dirigere. Possiamo ravvisare però anche un eventuale aspetto negativo: se ci facciamo guidare da questi trattati come se fossero una Bibbia, possiamo cadere in contraddizioni che a prima vista ci sembreranno insormontabili.

Valga un esempio: Thomas Morley (1597) si lamenta di quei musicisti che "deformano" le sue opere riempiendole di abbellimenti ed ornamentazioni. Cosa dobbiamo dedurre da una simile espressione? Ornamentare era la prassi dell'epoca e Morley si lamenta, dal suo ruolo di compositore, degli eccessi raggiunti in questa abitudine? Oppure Morley rappresenta una tendenza generale che era quella di non ornare il testo originale?

Nel Barocco l'arte dell'ornamentazione ha la sua espressione più estrema in Bach, che, con attenzione quasi maniacale, annotava ogni abbellimento, limitando così l'ambito improvvisativo dell'interprete (questa "divisione del lavoro" porterà all'orchestra ottocentesca, nella quale non è richiesto che lo strumentista abbia familiarità, oltre che con la tecnica del suo strumento, con elementi di contrappunto e composizione, che è come dire che non gli si chiede di comprendere a fondo il linguaggio che usa!).

In termini di logica matematica potremmo dire che sono valide entrambe le opzioni: A e non A. Quello che non dobbiamo considerare, di conseguenza, è un'opzione B, cioè l'esclusione **totale** delle *ornamentazioni aggiuntive*, come invece siamo soliti accettare convenzionalmente, con un misto di rassegnazione, pigrizia e sollievo, da Mozart in poi.

C'è un altro aspetto ancora più discutibile dell'uso meccanico dei trattati: se uno o più di questi testi indicassero come interpretare con precisione ed abbondanza di dettagli… allora io, interprete, mi scontrerei con quello che potremmo chiamare il "paradigma Romantico", cioè con un apparato segnaletico di *crescendo*, *diminuendo*, cesure, *rallentando* ecc., così completo da risultare opprimente, quasi anestetizzante.

Questa abbondanza di indicazioni in effetti:

- limiterebbe il mio piacere di "coautore" (si veda più avanti l'Appendice 3);
- ridurrebbe il mio ruolo di direttore a quello di mero traduttore di un codice… qualcosa come un insegnante di solfeggio!

- Non ci permetterebbe di tener conto della già menzionata flessibilità barocca, così significativa che il grande trattatista Johann Joachim Quantz
  (1752) suggeriva di modificare l'interpretazione "in corso d'opera", in
  accordo con l'espressione del viso degli "ascoltatori della seconda fila…".

Aggiungiamo, *dulcis in fundo*, che quello che si può dedurre dai trattati è che
nel Barocco la cesellatura delle frasi (articolazione, microdinamica, agogica) era
molto più dettagliata rispetto alle epoche successive, forse perché i singoli brani
di un'opera barocca erano generalmente di minor durata e richiedevano quindi
uno sguardo più microscopico.
Pertanto, in realtà, la cosa migliore sarebbe interpretare un'opera del periodo
Romantico infuocandola con il bagaglio proveniente dal Barocco, e non il
contrario, come spesso accade anche oggi in certe istituzioni scolastiche e nella
prassi sinfonica ed operistica.

Capitolo 2: Strumenti

Ci troviamo costantemente di fronte ad un bivio: strumenti moderni o strumenti
storici? La dicitura per questi ultimi è varia: strumenti "originali", "antichi",
"filologici", "d'epoca", ecc.
Per chiarire la questione facciamo un esempio semplice: useremo il pianoforte
o il clavicembalo? Il dilemma risulta di più facile soluzione quando è posto in
questi termini estremi, poiché per realizzare il basso continuo di un'opera barocca
sembra, ormai da molto tempo, più appropriato usare un clavicembalo che un
pianoforte. Infatti anche molte orchestre di strumenti moderni incorporano un
clavicembalo quando eseguono repertorio barocco.
Ma riguardo agli altri strumenti la frontiera resta molto più labile. Ovviamente la
decisione può essere di natura squisitamente individuale: ogni direttore si sente
più a suo agio con una delle due famiglie di strumenti e pertanto questa affinità
condizionerà la sua scelta.
Detto questo possiamo suggerire che, se il contesto culturale e la situazione
economica lo permettono, usare gli strumenti "antichi" ci regalerà un timbro
molto particolare, unendo alle note arcaiche l'incanto delle cose lontane nel tempo,
ossia un condimento ulteriore all'interpretazione, e quindi un potenziamento
dello sforzo creativo.
Inoltre, quando si lavora con strumentisti "antichi", poiché essi di solito hanno
frequentato corsi specifici per tali strumenti, così come corsi di basso continuo e di
ornamentazione, spesso si crea una situazione di stimolante sfida: i diretti possono
conoscere (o ritenere di conoscere) il linguaggio meglio di chi pretende di dirigerli.
Per questo è importante disporre di una buona base di linguaggio barocco (vedi le
Appendici), in modo da poter fare le proprie richieste con più legittima "autorità".
Se invece si decide di lavorare con strumenti moderni, è possibile ottenere una
buona approssimazione della *declamazione barocca* con i seguenti accorgimenti,
che assomiglieranno a un'accettabile traduzione di una lingua nell'altra:

- Tener conto del fatto che la sonorità degli strumenti antichi è minore.
  All'epoca si suonava nelle chiese (con il provvidenziale aiuto della risonanza)

o in piccole sale per la musica da camera. Volumi minori implicano maggiore raffinatezza nella realizzazione delle dinamiche, così come l'intonazione di un violino è molto più accuratamente microscopica che per un violoncello.

- I "barocchi" amavano l'eterogeneità. In effetti, in uno strumento antico a fiato le note alterate, cioè quelle che corrispondono ai tasti neri di un pianoforte, suonavano con minor volume rispetto a quelle diatoniche, perché erano ottenute usando posizioni meno sonore chiamate a "forchetta" - Queste irregolarità, che incontreremo anche come uno speciale *swing* nelle cellule ritmiche, anziché essere uno svantaggio costituivano un arsenale di sottigliezze e varianti.

Quanto agli strumenti a corda, come possiamo adattare gli strumenti moderni al suono antico? Limitando l'applicazione del caratteristico vibrato a momenti specifici e non – prassi ottocentesca – come sostegno costante tanto dell'intonazione quanto della narrazione espressiva. Inoltre elimineremo i portamenti: i musicisti barocchi usavano le corde vuote senza pudore, il che conferma che potevano prescindere dal vibrato e che, come dicevamo, non disdegnavano l'eterogeneità, giacché una nota su una corda vuota suona molto più forte di una nota "tastata". Inoltre, si adotteranno arcate brevi, con poche legature (onnipresenti, invece, a partire dal Romanticismo – vedi Appendice 6).
Menzioniamo altri accorgimenti importanti:

- Non frenare la corda alla fine di un suono. L'arco barocco termina le note come un timpanista che finisce la sua frase senza interrompere la vibrazione della pelle. Analogamente, piuttosto che l'ottocentesco "*legato*", utilizzare il "*detaché*" per i valori più piccoli, e separare gli altri valori.
- Approfondire l'uso espressivo della mano destra, invece della sinistra tanto impegnata nel vibrato imperante nell'esecuzione "moderna", per vitalizzare con una sottile "*messa di voce*" le dissonanze (vedi 2.4, punto 11).

In quanto ai fiati, gli accorgimenti espressivi sono analoghi, con l'ulteriore attrattiva, difficile e quindi sfidante, di adoperare articolazioni "eterogenee" per i passaggi veloci (vedi l'argomento "Articolazione").
Un altro aspetto importante consiste nel decidere con quanti strumenti affrontare un'opera, sia quando si tratta di una composizione con la sola orchestra, sia quando si tratta di un oratorio che comporta l'insieme di coro e orchestra. I gruppi piccoli permettono, ovviamente, una maggior cura per i dettagli. Viceversa, se lavoro con gruppi numerosi dovrò cercare di alleggerire la densità sonora, cosa che si può ottenere riducendo l'organico in specifici momenti. Ad esempio, nel *Messiah* e in altre sue composizioni, Haendel indica un'alternanza di strumenti solisti e strumenti di "ripieno". (Quantz, nel suo Trattato, si spinge addirittura in un'analisi accurata della differenza tra i "solisti" e i "ripienisti", anche dal punto di vista psicologico!)
Per quanto riguarda gli strumenti del basso continuo, se non si dispone di strumenti "d'epoca", si potrà ricorrere a delle buone tastiere elettroniche, soprattutto quelle provviste di suoni campionati da strumenti storici.
In sintesi, come in tanti altri aspetti della vita, ricordiamo sempre che la forma è molto importante, ma il contenuto lo è di più!

Resta da dirimere la famosa polemica: perché usare oggi strumenti antichi (o imitarne il peculiare suono) quando disponiamo di strumenti moderni che garantirebbero una tecnica "più evoluta"? Ci sono in effetti coloro che affermano che gli strumenti moderni permettono di affrontare meglio le opere più difficili del repertorio barocco... ma è inevitabile domandarsi: i compositori avrebbero scritto opere così virtuosistiche come i concerti per violino di Vivaldi o il Quarto Brandeburghese di Bach, tra gli altri, se non avessero avuto a disposizione gli strumenti adeguati? O per caso gli esecutori dell'epoca erano mediocri, grossolani e approssimativi?

Non abbiamo la risposta... perché non possiamo contare su registrazioni dell'epoca. Però potremmo congetturare che un linguaggio così ricercato e pirotecnico farebbe pensare ad interpreti virtuosi, che inoltre, come sappiamo, arricchivano costantemente la partitura con le proprie aggiunte melodiche.

Oggigiorno ci sono, fortunatamente, molti gruppi con strumenti "d'epoca", che hanno raggiunto standard di notevole virtuosismo, eccellente intonazione e perfezione tecnica, senza disdegnare la pregevolezza espressiva.

Capitolo 3: Schema di Variabili

Forniremo qui, per ognuno degli argomenti affrontati nei prossimi capitoli (Dinamica, Articolazione, ecc.), una serie di **criteri** che potremmo chiamare "bipolari". Ossia che, in realtà, potrebbero applicarsi anche in senso opposto a quello che proponiamo, ottenendo comunque un'interpretazione coerente (come nell'esempio visto in precedenza del negativo di una foto, che mostra comunque chiaramente il soggetto fotografato).

L'importante, quindi, non è seguire in maniera acritica le nostre raccomandazioni come "ricette", quanto disporre di una griglia (come la rete di un pescatore) che ci permetta di individuare e caratterizzare le differenti forme del linguaggio barocco. È in base a questa griglia che costruiremo la nostra prospettiva interpretativa, la quale, ovviamente, potrà essere diversa per ciascun direttore.

Diciamo che, entro certi limiti, la giustificazione di un direttore è quella di avere qualcosa di nuovo da dire su un'opera... che non ha composto lui!

Si tratta dunque di distinguere e classificare le varie parti del testo musicale - per esempio, melismi, cadenze ecc. - analogamente ad un regista teatrale che faccia trascrivere i testi per i suoi attori usando colori diversi - azzurro per gli aggettivi, verde per i sostantivi, ecc. – in modo che appaiano funzionalmente, come accade con l'uso dell'iniziale maiuscola per i sostantivi nella lingua tedesca.

Parliamo quindi di passare dalla *fonetica* - che sarebbe, nella nostra analogia, la mera pronuncia delle parole – alla *semantica*: il significato della Musica. E tutto ciò grazie alla nostra tabella di variabili.

Forse ci diranno che vogliamo trattare l'ascoltatore come un bambino impreparato cercando di puntualizzare con tanta chiarezza la semantica e anche la grammatica del discorso musicale. Crediamo invece che non sia irrispettoso, ma semmai prudente trattare l'ascoltatore con una certa attenzione didattica, avendo sempre chiaro che tutto sommato un oratorio barocco usa un linguaggio poco familiare e lontano nel tempo.

Per riprendere l'immagine teatrale, pensiamo al caso di due attori che, pur non essendo norvegesi, debbano affrontare un'opera di Ibsen in lingua originale: possiamo visualizzare con chiarezza la differenza che ci sarebbe tra quello che ha laboriosamente imparato a pronunciare molto bene, e quello che, oltre ad avere un eccellente accento, capisce quello che recita!

Alcuni dei nostri suggerimenti conteranno sull'avallo della menzione di trattati dell'epoca barocca; in altri casi appoggeremo la nostra visione con considerazioni che chiameremo semplicemente "*SC*" (il famoso *Senso Comune*), in quanto riflettono ovvietà comuni a qualsiasi linguaggio coerente.

B. DILEMMI INTERPRETATIVI

Capitolo 4: Dinamica

IN PRINCIPIO ERA... LA DINAMICA
Sin dalla prima nota di un'opera siamo sottomessi a questo Principio Vitale: il suono nasce, si sviluppa e muore. Questa è la sua naturale espansione dinamica. Una singola nota, con sufficiente dinamica, è già Musica: "Il crescendo e diminuendo di una nota è il fondamento della passione", Caccini (1602).

Innanzitutto distinguiamo tra *macrodinamica* (piani sonori: *forte*, *piano* ecc.) e *microdinamica* (inflessioni: *crescendo*, *diminuendo* ecc.).

1. È importante (e arduo) stabilire una intelligente, variata ed equilibrata macrodinamica per i movimenti più estesi. Così, una lunga Fuga non dovrebbe trascorrere sempre nel mondo neutro del *mezzo forte*. È altrettanto fondamentale stabilire un piano "macro" dell'intera opera, in modo che veda un'alternanza di movimenti prevalentemente *forte* con altri prevalentemente *piano*.

2. In una composizione polifonica dobbiamo decidere se ogni ingresso del tema sarà caratterizzato con maggior enfasi rispetto al resto della trama. Nel 1592 Zacconi affermava che le entrate del tema devono essere sottolineate per aiutarne la percezione, e un secolo e mezzo dopo, nel 1752, Quantz rafforzava quest'idea, commentando che la voce secondaria deve suonare più piano della voce tematica. Nonostante ciò, anche qui si può applicare l'esempio fotografico prima menzionato, dato che il tema può essere evidenziato anche presentandolo con un volume **minore** rispetto al resto del materiale.

3. Siamo così arrivati alla microdinamica, che è il regno, la chiave stessa dell'interpretazione barocca. La microdinamica, è ovvio, agisce a livelli molto sottili. E mentre l'immagine del *negativo-della-fotografia* funziona perfettamente per il campo molto dilatato della macrodinamica, nell'universo micro alcune forme richiedono un trattamento abbastanza univoco, visto che la maggior parte delle regole che segnaleremo saranno valide tanto in un contesto *forte* quanto in uno *piano*.

4. Chiariamo che, essendo questo manuale dedicato alla realizzazione di oratori (cioè composizioni con coro e orchestra), abbiamo dedotto i nostri criteri prevalentemente dal suggestivo binario del *testo*, con le sue modulazioni fonetiche e semantiche. Infatti l'elemento fondamentale della musica barocca è il canto, trasportato anche agli strumenti, che, sebbene già in questo periodo reclamino la propria autonomia soprattutto nella dimensione virtuosistica, non sono mai svincolati dalla declamazione retorica della parola.

5. Le parole della madrelingua del linguaggio barocco, il Latino, alternano sillabe forti e sillabe deboli. Generalmente l'ultima sillaba di una parola è debole, e questo implica che le finali di frase di solito richiedono l'effetto del *diminuendo*.

6. Nei frequenti raddoppi delle parti corali a carico degli strumenti, molto spesso troviamo note senza sillaba propria: queste note dovranno logicamente essere suonate più piano di quelle che invece portano una sillaba.

7. Arriviamo così al cuore, al segreto dell'interpretazione barocca: il **melisma**, cioè molte note su un'unica sillaba. Si tratta del luogo privilegiato per il virtuosismo, per l'esibizionismo protagonista tanto tipico del Barocco. Di solito il melisma si trova sulla sillaba accentata della parola più importante, più significativa della frase. E cosa suggeriamo per trattare in maniera adeguata il melisma? Sottolineare la prima nota, cioè quella che porta la sillaba, e affrontare le restanti su un piano meno sonoro, con molte "forchette" sottili, dividendo ad esempio un melisma di 8 note in 5 di diminuendo e 3 di crescendo. Questo criterio andrà bene quando la quinta nota è uguale alla prima, e quindi non porta nuova informazione; e anche quando, anziché procedere per grado congiunto, incontriamo un salto tra la quinta e la sesta nota, che ci suggerisce che proprio lì finisce una mini-frase ed inizia la successiva. Nel caso di un melisma di 6 note, la divisione logica di solito è 4+2. È importante **non accentuare** la nota finale del melisma, cioè quella che precede una nuova sillaba, per rendere proprio la nuova sillaba chiaramente riconoscibile all'ascolto e consentire così la ricostruzione della parola.

8. Quando sono in *levare*, le note ripetute richiedono un *crescendo*, per accumulare tensione. Se invece sono un mero accompagnamento armonico, implicano un *diminuendo*, con una piccola accentuazione solo quando cambia la funzione armonica, magari con un lieve *crescendo* che prepari il nuovo accordo. In sezioni in cui l'orchestra semplicemente accompagna con funzione armonica, è utile distinguere con maggior tensione le **dominanti** che le risoluzioni sulle **toniche**. Quantz (1752) afferma che il volume di ogni accordo deve dipendere dal suo grado di dissonanza o consonanza.

9. Non accentuare (tendenza purtroppo molto abituale in cantanti e strumentisti) la nota più acuta di un disegno, a meno che ciò non sia suggerito dall'accentuazione del testo.

10. Le note lunghe richiedono, generalmente, un *diminuendo*, per consentire l'ascolto delle note più brevi delle altre voci. Qualcosa di simile a quando in una prima lettura cerchiamo di chiarire il discorso ritmico con un "pizzicato" per gli archi o con una leggera sillabazione *"dum-dum"* per le voci.

11. Il caso opposto a quello del punto precedente è rappresentato invece dalla *messa di voce*: una nota lunga che comincia in consonanza e termina in dissonanza. La sottolineeremo con un eloquente *crescendo* che si distenderà non appena la nota dissonante risolverà nuovamente in una consonanza. Questo stilema fondamentale del Barocco perderebbe in efficacia se usassimo il vibrato: con l'oscillazione della nota dissonante si eluderebbe infatti l'asprezza dell'urto armonico. Suggeriamo il segno Φ (la lettera greca fi) per indicare la *messa di voce*. Con un segno specifico, infatti, l'interprete saprà che si tratta di un *crescendo* particolare, motivato da una ragione armonica più che melodica. Nel secolo XVII, Caccini (1602) e Fantini (1638) descrivono quest'effetto, il primo per la voce e l'altro per la tromba. Più tardi, nel 1723, Tossi ci dice, appoggiando il nostro pensiero sui paradossi interpretativi (vedi 1.1), che si tratta di un effetto da usare con moderazione.

12. Dato che contiamo sull'aiuto del testo cantato, come accade nel caso del raddoppio di parti corali per l'orchestra, non è logico sottolineare note che corrispondono a preposizioni, articoli o altre particelle che, grammaticalmente, hanno solo una funzione di collegamento.

13. È molto importante il tema della **Accentica**, parola che proponiamo per disegnare la scienza-arte degli accenti (argomento della tesi di Dottorato di Sergio Siminovich): suggeriamo di non distribuire gli accenti solo in funzione delle stanghette di separazione delle battute, ma piuttosto di raggrupparli seguendo le inflessioni testuali, e indicando gli accenti desiderati con stanghette più lunghe e incisive, evitando inoltre accenti sempre isocroni.

14. Un raggruppamento spesso suggerito dai frammenti ternari è quello di accentuare solo le battute pari, considerando quelle dispari come levare.

15. Ogni danza richiede un'accentuazione particolare, e molti numeri corali nascondono danze nella loro trama strutturale.

16. In sintesi, una gerarchizzazione dinamica di base, dettata dal senso comune (SC) sarebbe: sillaba forte>sillaba debole>melisma, dove il minor volume del melisma è compensato dalla maggior ricchezza di inflessioni microdinamiche interne.

Capitolo 5: Articolazione

IN PRINCIPIO ERA... L'ARTICOLAZIONE
Fu con questa attenzione della cura dell'articolazione che cominciò la Rivoluzione Filologica, allontanandosi dall'interpretazione ottocentesca del Barocco.

Questo è un tema fondamentale, fino al punto che un Centro di Musica Antica (quello di Los Angeles – USA) ha come blasone uno stendardo che recita "Articolate!"
Ci sono strumenti, come il clavicembalo o l'organo, che possono "suggerire" una microdinamica solamente utilizzando finissime distinzioni nell'articolazione (o di "densità", aspetto che affronteremo nel capitolo dedicato al Basso Continuo).

L'articolazione è una delicate arte di oreficeria, di cesello. Può essere illuminante un'analogia con la scultura: una volta chiesero a Michelangelo come riusciva a scolpire opere tanto meravigliose, ed egli rispose "semplicemente tolgo dal marmo tutto ciò che è di troppo". Un'altra immagine che può farci intuire la dimensione scultorea e puntinista dell'articolazione proviene dalla fisica moderna, che ci ha mostrato come un oggetto solido, per esempio un tavolo, sia in realtà costituito da poca materia e molti spazi vuoti, che ne definiscono la struttura. In effetti l'articolazione è l'arte di utilizzare sottili e diversi spazi di separazione tra le note. Vediamo alcuni tipi di articolazione:

1. Generalmente un accento appare più evidente se è preceduto da una cesura, come se si caricasse di energia grazie a quella microsospensione.

2. Di solito è meglio separare i salti e legare le note che procedono per grado congiunto, seguendo l'essenza logica del movimento. Quantz (1752) enunciava, con una formula quasi ecclesiastica: "evitare di separare ciò che appare unito e viceversa".

3. Proponiamo la seguente regola generale che, benché ammetta alcune eloquenti eccezioni, copre buona parte del campo: le note più piccole di solito sono melismatiche e pertanto, mancando di sillaba propria, saranno affrontate mantenendole abbastanza unite, cioè con un legato per il coro e con un portato per gli strumenti a fiato:

Mentre le disegneremo "alla corda" o "detaché" per gli archi:

(Esempi estratti dall'Oratorio "Giuda Maccabeo", come la maggior parte dei nostri esempi).

Così come all'inizio di un movimento compare l'indicazione del tempo (per esempio C o 3/4), potremo indicare anche sulla nostra partitura che il più piccolo valore significativo sia, ad esempio, portato:

4. Le ornamentazioni più veloci possono essere legate:

a meno che non si disponga del virtuosismo strumentale adeguato per articolare ogni nota (poiché niente supera la fascinazione ipnotica dei passaggi veloci completamente articolati). In caso di esecuzione legata, è prudente separare la cascata di note dalla nota di arrivo.

5. Una formula che riassume l'essenza dell'articolazione è:

Ba-roc-co

Abbiamo separato il levare per ottenere l'accento sulla sillaba forte ROC, e dopo abbiamo legato per ottenere il logico diminuendo verso la sillaba debole.

Questo esempio, partendo da una parola emblematica, ci mostra chiaramente l'interdipendenza tra due degli aspetti fondamentali dell'interpretazione, che sono la **dinamica** e l'**articolazione**. E se aspettiamo un microistante prima della seconda nota, avremo rivelato la coerenza con il terzo attore, l'**agogica**, che tratteremo nel capitolo 7.

6. Possiamo altresì vedere come, per esempio, se dico "Tu Mariiiia" sto articolando in forma più logica che se dicessi "Tu Mari-i-i-i-a":

Tu, Ma - ri - a.

VERSUS:

Tu, Ma - ri - i - i - i - a.

Questo ci permette di chiarire la nostra posizione rispetto allo stilema centrale del Barocco, che consiste nell'Interpretazione del Melisma.

7. Segnaliamo che gli strumenti a fiato, già dal secolo XVI, articolavano i passaggi più veloci con doppio e triplo colpo di lingua (*dirill*, *tere* ecc.), creando così un delicato ed elegante *swing* di disuguaglianze ritmiche (*inegalité*, in francese).

Capitolo 6: Tempo

IN PRINCIPIO ERA... IL TEMPO
Più che per ogni altra variabile, questa frase acquisisce qui un valore fondamentale.
Essendo la Musica un arte temporale, se vogliamo "appropriarci" di un'opera che
non abbiamo composto dobbiamo innanzitutto possederne il tempo, scegliendo
il miglior Tempo Possibile.

La scelta di un buon tempo è generalmente molto complessa e prende in
considerazione vari dettagli. Bemetzreider (1771) portava la questione all'estremo
quando diceva "il gusto è il vero metronomo".
Come trovare un criterio per non lasciare la scelta al servizio del mero gusto?
Suggeriamo di individuare una cellula o una frase chiave e a partire da quella
decidere il tempo dell'intero brano. Non obbediamo, cioè, soltanto a ciò che
sembrano suggerire le prime battute, cammino comodo ma non sempre efficace.
Affermava Leopold Mozart (1756) che "ogni brano melodico include almeno una
frase che consente di riconoscere il tempo ideale".
Ecco alcune piste che ci possono guidare efficacemente in tal senso:

1. Considerare l'indicazione di tempo del compositore... ma nel Barocco
    queste denominazioni potevano essere molto labili, elastiche o...
    inesistenti.
2. Evitare gli estremi, cioè movimenti eccessivamente lenti o eccessivamente
    rapidi. Possiamo affermare che nel periodo barocco lo spettro delle possibili
    velocità era minore in senso assoluto, e questo potrebbe implicare che le
    micro-oscillazioni fossero maggiori in senso relativo, come abbiamo visto
    parlando della dinamica. In sintesi, diffidate dalla tentazione di portare dei
    tempi eccessivamente dilatati (pretesto "moderno" per esibire il fiato lungo
    o il dominio dell'arco) o tempi vertiginosamente veloci (scusa per esibire
    una diteggiatura virtuosistica). Seguire, insomma, il cammino indicato da
    Couperin (1716): "mi piace di più quel che mi commuove che quel che
    mi sorprende".
3. La flessibilità nei tempi è stata proclamata in un'infinità di documenti.
    Frescobaldi (1615) decretava che "nelle mie Toccate e nei miei Madrigali è
    lecito modificare il tempo nelle differenti sezioni". Il concetto di flessibilità
    abbraccia tutto questo repertorio ed è, tra l'altro, uno dei maggiori stimoli
    per frequentarlo. Questo concetto, opportunamente sviluppato, ci porterà
    al capitolo successivo (7: *Agogica*). La suddetta flessibilità, in un'accezione
    più ampia, si evidenzia anche nell'elasticità consentita per la scelta del
    tempo, che potrà basarsi anche su:
    a. Le caratteristiche acustiche della sala da concerto.
    b. La quantità dei musicisti.
    c. Le possibilità tecniche degli interpreti.
    d. Nelle composizioni più lunghe (oratori, Passioni), valutare sempre
        la velocità di un movimento rispetto a quelli vicini, per creare sia
        contrasto che equilibrio. Questo aspetto richiede un attento e
        minuzioso dosaggio "a priori" dei tempi.

4. Per la scelta del tempo disponiamo inoltre di alcune indicazioni incluse nel famoso trattato di Quantz, dove, come un metronomo *"ante litteram"*, si suggeriscono le velocità per le varie danze, prendendo come unità di misura la normale pulsazione dei battiti cardiaci (70 al minuto).

5. Vediamo alcuni paradossi che si possono presentare sull'argomento Tempo:

   a. La scansione (il "battito" della battuta) può essere molto dilatata rispetto al Romanticismo (con terminologia più appropriata: con meno *suddivisioni*). Ad esempio, la Sinfonia del *Messiah* di Haendel:

Un direttore "Romantico" sicuramente la porterebbe "in 8", mentre uno più familiarizzato con la musica barocca la dirigerebbe in 4; tuttavia è probabile che invece nel periodo barocco si portasse il tempo... in 2!

   b. La *pulsazione* è più piccola che nel Romanticismo. Ad esempio, un *Allegro* in 4, che probabilmente dirigerò in 4 semiminime per battuta... "pulsa", invece, spesso, in crome per quanto riguarda il basso continuo.

   c. L'adozione di un nuovo tempo deve sorprendere ma non annientare l'ascoltatore. D'altro canto un tempo costantemente regolare (come ad esempio quello di una *Passacaglia*, di una *Ciaccona* o di un *basso ostinato*) non deve addormentare ma ipnotizzare.

6. SC: in qualità di interprete devo poter adattare la mia interpretazione (adoperando le sue variabili, cioè dinamica, articolazione, ornamentazione ecc.) a *qualsiasi* tempo. È un ottimo esercizio, particolarmente utile per i solisti, dato che spesso i direttori prendono tempi che non corrispondono all'agio, al piacere o all'abitudine del solista. Questo, come è ovvio, può portare a tensioni abbastanza stereotipate. Il saggio Quantz (1752) arriva a postulare che se il direttore prende un tempo sbagliato, è responsabilità e diritto del solista correggerlo modificando direttamente la velocità quando inizia il suo passaggio solistico. Se sono un cantante o uno strumentista solista alla mercé di un tempo particolarmente scomodo dovrò, inoltre, tenere pronti vari espedienti di salvataggio: decidere quali note sopprimere se la velocità mi travolge, prendere fiati aggiuntivi ecc.

Capitolo 7: Agogica

IN PRINCIPIO ERA... L'AGOGICA
Se sono schiavo del Tempo, sono un Oggetto. Solo dominando gli istanti, i momenti,
passo ad essere Soggetto. L'Agogica è l'intersezione tra Eraclito e Parmenide.

L'Agogica, cioè quelle piccole variazioni di tempo non scritte nella partitura, ma che sono indispensabili per l'esecuzione di un'opera, sta al Tempo come la Microdinamica sta alla Macrodinamica. È il territorio delle sottili e microscopiche fluttuazioni di velocità. Per l'ambito barocco, possiamo dire che:

1. Il *ritenuto* è più adeguato del rallentando ed è molto efficace come segno di punteggiatura del testo musicale:
    a. Nelle cadenze, per separare e strutturare frasi e sezioni.
    b. Nella polifonia, prima dell'entrata di una voce, per orientare l'attenzione dell'ascoltatore.
    c. Prima di un accento, per sottolineare il processo orgasmico di tensione-distensione.
    d. Prima della nota finale.
2. Ovviamente l'omofonia permette più liberta agogica della polifonia, benché sia dimostrato che i migliori *ensemble* barocchi riescono a proporre un tipo di *swing* molto elastico anche in momenti polifonici (il che conferma un vecchio adagio: per un musicista l'aspetto più importante è saper **ascoltare**). E l'agogica obbliga anche lo spettatore ad ascoltare con maggior attenzione.
3. Essendo la notazione musicale nel Barocco una mera "traccia" approssimativa, un disegno di questo tipo:

    non necessariamente richiede proporzioni esatte, e risulta più eloquente se espresso semplicemente come un valore lungo seguito da cinque valori più brevi, o due gesti contenuti in un *tactus* di minima, definendo quindi un unico gesto stilizzato più che i singoli valori sciolti (un'immagine spiacevole ci permetterà di ricordare indelebilmente questo tipo di *swing*: come nelle società capitalistiche, i ricchi tendono a diventare sempre più ricchi, e i poveri... più poveri). Questa è la stilizzazione ritmica che dà *swing* a tale tipo di disegno ritmico.
4. L'Agogica è il terreno del buon gusto, della squisitezza sottile unita al senso della misura. C. P. E. Bach (1753) diceva al riguardo: *"certe variazioni della pulsazione sono estremamente piacevoli, ma è consigliabile evitare i ritenuti eccessivi ed esagerati"*. Suggeriamo il seguente simbolo per le microscopiche sospensioni:

    ["coroncina"]

5. I ponti di collegamento all'interno delle sezioni vanno generalmente eseguiti con un leggero *rubato*.
6. *SC*: sappiamo che il repertorio barocco è soggetto a fuohi d'improvvisazione (anzi… ne è avido!). Devo, pertanto, nell'esecuzione, trasmettere sempre l'idea dell'estemporaneità ("recitare" invece di "leggere"). Per meglio comprendere questo punto, si consideri un'altra analogia estrema: immaginate la scarsa efficacia di una dichiarazione d'amore… pedissequamente LETTA!

Capitolo 8: Testo

IN PRINCIPIO ERA… IL TESTO
La Musica nasce come Contesto del Testo. Questo matrimonio culmina nel Barocco e sopravvive, semanticamente, alla crescente emancipazione strumentale.

La parola è un elemento molto importante, poiché il nostro punto di vista è quello oratoriale, cioè la musica per coro e orchestra.

1. Innanzitutto, considerare attentamente la **fonetica**: pronunciare bene ogni consonante, senza per questo cadere nella compitazione scolastica. Questo si riallaccia con l'ottica *dettaglista* che abbiamo introdotto nel primo capitolo della sezione "Articolazione". E così come il cantante (solista o corista) deve cesellare il testo articolandone la fonetica, pure lo strumentista deve articolare altrettanto minuziosamente. A differenza del cantante, lo strumentista non è aiutato dal testo, ma può ispirare il suo apprendimento agli innumerevoli esempi che incontrerà nel repertorio oratoriale: voci e strumenti procedono spesso insieme, in passaggi di raddoppi o imitazioni. Gli insegnanti di canto privilegiano, esaltandole, le vocali (calde, ricche, liberatorie), ma il già menzionato "effetto Michelangelo" si ottiene soprattutto con una buona articolazione delle consonanti. Un'importante funzione del direttore è quella di infondere nelle persone dirette il piacere sensuale del testo. Ricordiamo che un testo mal articolato può risultare amorfo. Ad esempio:
   "Eiae e ooai o eee i aie a uia"
   invece della chiara frase "Evitare le consonanti non permette di capire la musica".
2. Consideriamo ora la **semantica** (in una delle appendici menzioneremo un aspetto più specifico: la barocchissima "Teoria degli Affetti"). Prendiamo ad esempio una frase semplice:
   "Ti dico che mi sono comprato una casa"
   Dal punto di vista semantico, posso connotare la frase scegliendo su quale elemento mettere più enfasi:
   "Ti DICO che mi sono comprato una casa"
   "Ti dico che MI sono comprato una casa"
   "Ti dico che mi sono COMPRATO una casa"
   "Ti dico che mi sono comprato UNA casa"
   "Ti dico che mi sono comprato una CASA"

E ogni opzione modifica il significato. Appare anche evidente che non avrebbe alcun senso entatizzare la preposizione "che", come già menzionato nel Capitolo 4 al punto 12 a proposito di articoli, preposizioni e congiunzioni.

3. Consideriamo ora un caso molto frequente, quasi una stampella per i direttori: mettere l'ultima consonante di una parola sulla pausa successiva. Ad esempio la parola "Gott":

Questo sistema è molto pratico, perché costituisce una convenzione generale stabilita a priori evitando così la proliferazione di gesti specifici per la pronuncia… ma è antinaturale! Nessuno parla così. E questo evidenzia, ancora una volta, che la scrittura nel Barocco è suggestivamente approssimativa.

Capitolo 9: Ornamentazione

IN PRINCIPIO ERA… L'ORNAMENTAZIONE
Una musica VIVA deve suonare come se nascesse nel momento di ascoltarla. Un oratore convincente si prepara degli appunti con poche parole-guida, che arricchisce secondo la sua percezione del pubblico che lo ascolta.

Due scuole hanno impresso il loro marchio al Barocco: quella francese, che prevede abbellimenti microscopici, puntuali e obbligati; e quella italiana, che usa variare le melodie, con molta libertà, basandosi sull'architettura armonica generale.

1. Fra gli abbellimenti obbligati il più frequente è il **trillo**. La sua funzione è strutturale: chiude frasi e semifrasi, come un segno di punteggiatura. Ma si tratta di un segno civettuolo, compiaciuto, che oscilla tra due note con audacia. Potremmo dire che è un'unica nota formata in realtà da due note! Bisogna esercitarsi perché la sua esecuzione non risulti meccanica. Spesso non è indicato, ma tutti sanno che devono passare dal trillo per concludere una frase o una sezione. Comincia dalla nota superiore (**appoggiatura**, si veda al punto 2), nota che di solito non viene nemmeno indicata in

partitura, creando così una dissonanza con l'armonia delle altre voci; poi oscilla tra le due note, e finalmente risolve nella nota finale, anticipandola se siamo in un movimento lento.

Le oscillazioni rispecchiano la già menzionata *flessibilità*, poiché la velocità non è stabile: aumenta, fino all'implosione dell'oscillazione stessa, e la dinamica accompagna questo processo con analoghe forchette.

Esistono tre tipi di trillo: il più frequente e conosciuto è il *trillo armonico* (nelle cadenze e semicadenze); più raramente appare il *trillo melodico*, generalmente accompagnato da una elegante coda di collegamento. Ne possiamo vedere un esempio nella *Grand Entreé* dell'*Alceste* di Haendel:

Infine, abbiamo il trillo con funzione puramente dinamica, come un accento pirotecnico, usato specialmente nelle marce trionfali e nei numeri più solenni. È interessante (paradosso o sottile ironia?) che musica tanto marziale sparga queste scintille di estrema luminosità cinguettante.

2. Un abbellimento imparentato con il trillo, quasi il suo embrione genetico, è l'**appoggiatura**. Può essere la nota superiore o inferiore a quella scritta in partitura, palesandosi appunto come appoggio, dissonanza, "scossa" armonica che precede la nota scritta ritardandone l'arrivo. Mentre il trillo annuncia la fine di una frase, l'appoggiatura da sola si usa per aggiungere enfasi, poiché cattura l'attenzione e mette in risalto.

3. D'altra parte l'ornamentazione all'Italiana è fantasiosa, creativa, audace. Conviene non esagerare in profusione perché il troppo esibizionismo offusca il discorso. Ma una certa dose di arditezza è necessaria: così l'ascoltatore può sentirsi "rapito" dall'interprete. In questo campo, più che sul buon gusto (parente stilizzato del senso comune), bisogna tuffarsi nella *identificazione con il compositore* (vedi Appendice 4).

4. Forse un esempio linguistico può chiarire la distinzione. Partendo da una frase semplice:

    "Presi la tua mano"

Ornamentando alla francese un oratore la abbellirebbe così:

    "Presi poi la mano tua"

Mentre l'ornamentazione all'italiana proporrebbe:

    "La mia mano disegnò un intreccio di lacci con la tua"

5. Per avere nell'orecchio e nelle dita formule di ornamentazione che corrispondano all'ambito barocco e non siano di pertinenza di altri periodi, conviene esercitarsi studiando composizioni già ornamentate, come, ad esempio, le ornamentazioni che J. S. Bach compose per *l'Adagio* di Benedetto Marcello. Possiamo trovare aiuto anche nel genere compositivo delle *Variazioni*: ci sono un'infinità di esempi, come le *Suites per clavicembalo* di Haendel, le *Variazioni sul tema della Follia* di Corelli, Vivaldi, Gemignani ecc.

6. *SC*: l'ornamentazione deve aggiungere bellezza, non toglierla. E nemmeno dev'essere un espediente per coprire una carenza espressiva, cioè l'incapacità di modellare una frase con una proposta interessante. Gli *abbellimenti obbligati* sono come le formule di saluto del Galateo: poiché le devo usare sempre, perché non risultino sprovviste di *contenuto* devo abbellirne la *forma*, attuandole con premura e finezza. Viceversa negli *abbellimenti fantasiosi* l'ascoltatore non dovrebbe riuscire a distinguere tra autore e interprete (soprattutto nei *Da Capo*, che vanno ornati, ma senza allontanarsi dall'*Affetto* implicito nella scrittura originale).

Capitolo 10: Basso Continuo

IN PRINCIPIO ERA… IL BASSO CONTINUO
Senza questo elemento strutturale, tutto l'edificio di una composizione barocca
vacilla. Dal piano armonico costruisco la mappa del mio percorso espressivo.

Il Barocco viene indicato anche come *"epoca del continuo"*. L'uso di strumenti armonici come base e sostegno del discorso melodico è la quintessenza di questo repertorio.
Il continuo si realizza anche con strumenti melodici (violoncello, viola da gamba, fagotto), ma sono gli strumenti armonici (clavicembalo, organo, tiorba, liuto, chitarra barocca ecc.) a essere chiamati al compito più sfidante. Infatti, benché gli accordi possano essere suggeriti in maniera codificata - la cosiddetta "numerazione" del basso continuo - di solito si troverà in partitura solo la linea del *basso* (la mano sinistra per gli strumenti a tastiera), e i continuisti dovranno, grazie all'ottima conoscenza del linguaggio barocco, dedurre o "inventare" gli accordi, unendo varie funzioni: accompagnare i solisti, costruire ponti tra le frasi, sostenere il coro, creare l'atmosfera dei recitativi ecc.
Molto spesso il continuista è il vero protagonista dell'oratorio. E infatti sovente direttore e continuista sono la stessa persona.

1. Vediamo alcune regole di base:
   a. Locke (1672): *"per evitare quinte e ottave consecutive, si consiglia al principiante di adottare il movimento contrario per le due mani"*;
   b. Saint-Lambert (1707): *"… muovere le mani da un accordo all'altro con la maggior economia della diteggiatura"*;
   c. Quantz (1752): *"La norma è suonare quattro voci, anche se spesso bisognerà allontanarsi da questa regola, riducendo o aumentando il numero di voci per ottenere un buon effetto musicale"* (in termini moderni diremmo enfatizzare la dinamica modificando la densità).
2. Risorse per il continuista:
   L'arpeggio per accentuare, appoggiare, sottolineare:

I collegamenti, per unire due sezioni:

L'accurato dosaggio della densità sonora (con conseguente effetto sulla dinamica):

L'impulso ritmico: ritmare come una fanfara (o come il batterista di un gruppo jazz):

3. Il direttore deve indicare tutto il possibile sulla partitura del continuista (altrimenti il continuista, usando il SUO proprio gusto... caratterizzerà l'opera a SUA immagine e somiglianza!). Questo minuzioso lavoro di pianificazione della partitura, che il direttore deve realizzare in precedenza, include il dettaglio di quello che chiameremo il *Ritmo Armonico* (cioè stabilire quali note del basso vanno armonizzate), lavoro che diventa irrinunciabile quando abbiamo più di un continuista e desideriamo una concordanza grammaticale, a meno che la mia intenzione non sia quella di avere continui "battenti" o "spezzati", come per ottenere degli effetti stereofonici. Questo espediente funziona a meraviglia quando ci sono molti continuisti.

4. Il violoncellista può suonare tenendo conto non solo delle note, ma anche della numerazione scritta per il clavicembalo: essa infatti può suggerire che, ad esempio, un "2" implica una messa di voce (accordo dissonante), e che la sua risoluzione obbligata in una figura "6" comporta una distensione, vale a dire un diminuendo.

5. Il tastierista ha diritto a semplificare l'armonia (lasciando le dissonanze al solista) o viceversa, a complicarla aggiungendo dissonanze. Daube (1756): "*Un accompagnamento elaborato può aggiungere o togliere le dissonanze indicate dal compositore*". C.P.E. Bach (1753) suggerisce, per le dissonanze: "*armonizzare dissonanze e risoluzioni, in un tempo lento; solo le dissonanze in un tempo medio; solo l'accordo risolutorio in un tempo vivace*".

6. Lo stesso C.P.E. Bach scrive che nei passaggi molto virtuosistici basta che il clavicembalo suoni i valori più piccoli, mentre il violoncello suonerà una semplificazione, o viceversa.

7. Nel caso dei recitativi, esiste una grande libertà nella densità sonora. Saint-Lambert (1707): "*Quando si accompagna un lungo recitativo, a volte è meglio ribattere gli accordi; altre, al contrario, lasciare il solista privo di accompagnamento...*". Abbiamo anche una grande libertà per il posizionamento delle cadenze. Osserviamo questi passaggi da un recitativo della *Passione secondo Matteo* di J. S. Bach. Alla battuta 21, la cadenza si trova dopo la fine del testo; tuttavia alla battuta 24 del medesimo recitativo vediamo che la cadenza è invece sovrapposta alla fine della frase del solista nel finale del testo:

8. Posso "colorare" il continuo adottando strumenti differenti, secondo l'Affetto, il personaggio dell'oratorio ecc., creando una varietà che aggiunga interesse all'esecuzione. C.P.E. Bach (1753): *"L'organo è indispensabile per la musica da chiesa; il clavicembalo per la musica da camera o i recitativi…"*

E questo ci porta alla…

Capitolo 11: Strumentazione

IN PRINCIPIO ERA… LA STRUMENTAZIONE
L'uso del colore è una risorsa caratteristica del Barocco, da quando Monteverdi (nel suo "Orfeo") specifica per la prima volta l'assortimento della compagine orchestrale.

Nel ventaglio di infinite libertà incoraggiate dal Barocco, troviamo quella di poter scegliere i colori strumentali. Un'aria per violino potrà essere ceduta all'oboe, al flauto dolce, al flauto traverso. E abbiamo appena visto che il continuo permette (richiede!) queste sfumature. Ricordiamo che i compositori si tuffano in queste pratiche senza esitazione: Bach prendeva concerti per violino di Vivaldi e li convertiva in composizioni per organo, o riciclava le sue stesse composizioni cambiando la strumentazione. È di molto effetto, ad esempio, in una Passione, colorare ogni corale in forma diversa: solista + archi, coro + organo.

C. "SPECIALITA' DELLA CASA"

C.1 Ruolo del direttore: Gesto

È interessante scoprire che non incontreremo grandi problemi gestuali nel repertorio barocco. Non ci sono, come accade nei periodi posteriori, bruschi cambi di tempo e le battute propongono pochi e schematici modelli. Allora, quando è indispensabile battere il tempo?

All'inizio: è importante avere in mente il tempo di partenza di ogni movimento poiché, a differenza di altri generi, quello dell'oratorio richiede continuità.

Alla fine: basta un semplice ritenuto prima dell'ultima nota, che può già contenere, subliminalmente, il suggerimento per il tempo del movimento successivo.

Per il resto la costante scansione del tempo è di solito superflua. Conviene lasciare molta libertà agli interpreti, marcando solo l'indispensabile. Questa vocazione "minimalista" farà sì che ogni gesto sia molto significativo e serva per aggiungere qualcosa di nuovo, per arricchire.

In un recitativo "secco" non bisogna marcare il tempo, poiché sarà sufficiente la naturale fluidità e l'intesa tra solista e accompagnatori, che certo prescindono da ridondanti gesti di direzione.

L'unico caso in cui è necessario ricorrere a una gestualità più elaborata è il *recitativo accompagnato*, che dovrò sì marcare, e con grande concentrazione, dato che ogni sezione strumentale ha di solito un ritmo autonomo. Particolarmente esigenti in questo senso sono gli *accompagnati* della *Passione secondo Matteo* di J.S. Bach. Il gesto non solo si occuperà del tempo, della dinamica e dell'articolazione. Può essere vincolato anche alle ornamentazioni: un direttore che può contare su continuisti molto esperti può suggerire, con il suo gesto, in tempo reale, chi e quando può improvvisare per arricchire la trama musicale.

Alla fine possiamo dire che la musica barocca si dirige, più che con le mani o l'ottocentesca bacchetta, con il cervello… e con la matita! (vedi sezione C.5)

C.2 Ruolo didattico del direttore

L'oratorio è una composizione estesa, dilatata. È importante saper spiegare al coro le differenti situazioni testuali, raccontando il *plot* generale e lo sviluppo delle varie vicende. Ciò si rende ancora più necessario per gli strumentisti, che di solito partecipano solo alle ultime prove e non possono far riferimento ad un testo. Può essere utile copiare il testo di cori e solisti sulle parti strumentali, soprattutto nei numerosissimi passaggi in cui voci e strumenti condividono le medesime note. Questo rispetto alla fonetica del testo. Per ciò che riguarda la semantica, brevi frasi o parole-chiave potranno indicare allo strumentista il carattere di ogni frammento (ad esempio "battaglia", "processione").

C.3 Relazione con i solisti

Un oratorio è una produzione complessa, un mix di forze eterogenee (coro, orchestra, solisti). Così come accade per gli strumentisti, i solisti di solito partecipano solo alle ultime prove. E può quindi accadere (con allarmante frequenza!) che un solista abbia un'idea stilistica differente da quella del direttore (che, supponiamo, ha già proposto un punto di vista omogeneo e meticoloso al coro, e ha segnato di conseguenza le partiture orchestrali – vedi sezione C.5).

Questo tipo di conflitto di interesse o di visione si verificava spesso anche nell'epoca barocca, tanto che possiamo festeggiarlo come un "revival" filologico!

Per attenuare queste divergenze è doveroso provare accuratamente con i solisti prima di unirli all'orchestra. Altro accorgimento, preso direttamente dalla prassi dei concerti diretti da Haendel in persona, è includere i solisti nella compagine corale, sistema che promuoverà l'omogeneità stilistica e renderà più democratica l'esecuzione.

C.4 Tagli

IN PRINCIPIO ERANO…I TAGLI
Alimentarsi in maniera eccessiva può provocare indigestione. Bisogna dosare, per non perdere l'attenzione degli ascoltatori.

Le grandi opere barocche (Oratori, Passioni) prevedevano durate alle quali oggi non siamo più abituati. Si racconta che Haendel, negli intervalli tra gli atti dei suoi oratori più lunghi, improvvisava al clavicembalo o inseriva i suoi *Concerti Grossi*, in serate musicali che duravano 5-6 ore!

Per adattare queste opere colossali alla frenesia del nostro tempo, suggeriamo di realizzare alcuni tagli. Ciò, tra l'altro, non va contro lo spirito dell'epoca: lo stesso Haendel ci ha lasciato in alcuni casi più versioni della stessa opera, aggiungendo o eliminando movimenti, secondo l'occasione e il profilo dei solisti disponibili. Ad esempio, quando il famoso controtenore Giovanni Carestini fu scritturato per la seconda rappresentazione dell'*Athalia*, Haendel rielaborò l'intero oratorio eliminando alcuni numeri per inserire delle nuove arie in italiano scritte appositamente per il nuovo protagonista.

Vediamo dunque che la già menzionata **flessibilità** tocca ogni aspetto. E ricordiamo che un rispetto eccessivo della partitura risulterebbe, agli occhi di una persona di quell'epoca, vicino all'indifferenza, sintomo di incapacità di adeguare un'opera alle diverse situazioni.

Quali criteri potremmo usare in questa delicata chirurgia? Innanzitutto non annoiare il pubblico, privilegiando pertanto la varietà dei colori; ma senza mettere a repentaglio la logica narrativa e rispettando, inoltre, una sequenza accettabile dal punto di vista dei collegamenti tra le tonalità.

SC: La scrittura haendeliana prevedeva che tutti i solisti partecipassero all'oratorio in maniera equilibrata. Quindi, se si decide di sforbiciare, sarà bene rispettare, se pur su scala ridotta, anche tale equilibrio; così come trovare la giusta dose di numeri strumentali (che erano utilizzati come "intermezzi"), recitativi (tanto noiosi per il pubblico attuale) e cori (imponenti e sempre molto suggestivi anche per l'ascoltatore odierno).

Nel caso specifico dell'Oratorio *Giuda Maccabeo*, su cui si baseranno gli esempi di questo libro, proponiamo UNA delle riduzioni ragionevoli e possibili, escludendo i numeri:

Recitativo "To *Heaven's almighty King we kneel*"; Aria "*O liberty, thou choicest treasure*"; Aria "*Come, ever-smiling liberty*"; Recitativo "*O Judas, may these noble view inspire*"; Recitativo "*Ambition! If e'erhonour was thine aim*"; Aria "*No unhallow'd desire*"; Recitativo "*Haste we, my brethren*"; Coro "*Hear us, O Lord*"; Recitativo "*Victorious hero*"; Aria "*So rapid thy course is*"; Recitativo "*Well may hope our freedom to receive*"; Duetto e Coro "*Sion now her head shall raise*"; Recitativo "*O let eternal honours crown his name*"; Aria "*From mighty kings he took the spoil*"; Recitativo "*Again to earth let gratitude descend*".

C.5 Materiale orchestrale

In primo luogo, suggeriamo di evitare l'uso di edizioni che contengono segni di interpretazione. Nel Barocco non si usava aggiungere questi segni in partitura, e quindi è molto probabile che quelli trovati in tali edizioni suggeriscano interpretazioni marcatamente ottocentesche.

È importante però che il direttore incorpori i SUOI segni di interpretazione sulle parti strumentali. Nella produzione degli oratori di solito, per ragioni economiche, si può contare su poche prove, e annotare in precedenza le linee generali dell'interpretazione desiderata costituirà un gran risparmio di tempo.

Sicuramente il mio lavoro di matita (come dicevamo in precedenza, il principale strumento di direzione) potrà prevenire gran parte dei problemi, ma non tutti. Probabilmente, durante la prova con l'organico completo, mi pentirò di un 15% dei miei segni di interpretazione... però averne previsto e predisposto l'85% renderà molto agile la prova, e mi obbligherà ad approfondire maggiormente lo studio preventivo della prossima opera. (Bach copiava, minuziosamente, i Concerti di Vivaldi nell'affanno di imparare, e anche Mozart si dedicava ad analoghe incombenze... devo quindi convincermi che solo fermandomi su ogni nota arriverò a scoprire tutti i tesori nascosti!)

Con la mia matita-cesello posso insinuare la dinamica, macro e micro, in maniera dettagliata, con segni come questi (esempio dalla *Wassermusik* di Telemann):

dove uso segni convenzionali di diminuendo, crescendo, staccato (vedi Sezione B.2, punto 3); una freccia per indicare che un suono si lega al successivo che appartiene a una nuova frase; la sigla "N.A." (non accentare) e/o le parentesi per segnalare di attenuare note prevedibili che cadono su un tempo forte, per contrastare la tendenza molto comune di accentarle duramente. Lascio, invece, la macrodinamica all'ispirazione del momento. (In effetti, un inaspettato cambio di piani sonori può essere necessario per ravvivare l'interesse del pubblico o degli stessi musicisti!)

Quanto all'agogica, posso usare i sequenti segni;

La "coroncina" (una corona capovolta) indicherà lievi sospensioni (vedi sezione B.4, punto 4), mentre il "serpentello" indicherà dei micro-rubati nelle agili crome, per evitare un'esecuzione monotona.

C.6 Spazio e scena

Non siamo obbligati a rispettare le posizioni tradizionali (orchestra seduta davanti e coro in piedi dietro). Questa forma, che nasce, tra l'altro, dalla secolare lotta di classe tra strumentisti e coristi, non risponde completamente alla logica acustica, che suggerirebbe piuttosto che il coro riceva il suono dell'orchestra posta alle sue spalle, per assicurare così l'intonazione, molto più difficile per chi canta che per chi suona uno strumento.

Possiamo posizionare il coro seduto davanti all'orchestra... o mescolarlo con l'orchestra: per esempio, un primo violino-un soprano, un secondo violino-un contralto, una viola-un tenore, un violoncello-un basso. Usando questo schema per la prima fila, posso disporre la seconda in maniera contraria, a specchio... e così via per le file successive.

Altre varianti minori: possiamo sparpagliare solo gli strumenti del continuo nel coro; o dividere solo i soprani in due gruppi da posizionare alle due estremità della scena. Inoltre alcuni direttori, e con successo, propongono lo spostamento del coro durante l'esecuzione. Per esempio, durante una Passione, il coro può collocarsi in posti diversi secondo la funzione: corale/coro/turba. Ognuna di queste combinazioni è più creativa di quella tradizionale, e permette un avvolgente suono stereofonico. È chiaro che tutto ciò implica una maggiore responsabilità individuale dei coristi (benvenuta!) e praticamente annulla la funzione semaforica del direttore, poiché rende impossibile un gesto "topografico" per la direzione degli attacchi delle varie sezioni.

C.7 Formato del concerto

Poiché un oratorio è un'opera estesa, con argomento intricato e di solito in una lingua straniera, può essere d'aiuto per il pubblico una sorta di commento precedente l'esecuzione vera e propria, che illustri la trama.

Questa "guida" si può realizzare in varie forme:

a. un giorno prima del concerto, soltanto con coro, solisti e tastiera, raccontando la storia e illustrandola con frammenti musicali;

b. durante il concerto, un relatore espone brevemente il *plot* con brevi interventi all'inizio di ciascuno dei tre abituali atti dell'oratorio. Per conferire un'atmosfera suggestiva si potrà predisporre un delicato sottofondo musicale (composizioni barocche o improvvisazioni in stile, per clavicembalo o liuto);

c. durante il concerto possono essere proiettati dei "sottotitoli", che includeranno scene evocative dell'argomento.

C.8 Per dessert… i Timpani

Un aspetto di solito molto poco considerato è la dinamica degli strumenti più "rumorosi" (timpani, trombe, corni), che invece può essere oggetto di un'attenzione minuziosa.

Quando le trombe o i corni non hanno una funzione melodica virtuosistica ma svolgono solamente un ruolo di "fanfara", spesso insieme ai timpani, conviene dettagliare con molta cura la loro dinamica, ottenendo in questo modo un'interpretazione molto più intensa.

Abbiamo usato il termine "dessert" nel senso di proporre qualcosa "in più", perché sebbene spesso la parte dei timpani non sia indicata in partitura, la presenza delle trombe autorizza la confezione *ex novo* di una parte di fanfara anche per i timpani.

Per scriverla consigliamo di prendere ispirazione dagli oratori di Haendel, dove spesso assistiamo ad un'affascinante eterofonia tra trombe e timpani.

Vediamo questo esempio della sezione di ottoni e timpani dall'*Israele in Egitto*:

D. GIUDA MACCABEO:
221 ESEMPI COMMENTATI

Consideriamo ora un oratorio emblematico, Giuda Maccabeo, per vedere in maggior dettaglio i criteri suggeriti nelle sezioni precedenti. Si tratta di casi diversi e, come abbiamo già avuto occasione di segnalare, permettono sia la nostra interpretazione che molte altre possibilità. Indichiamo quindi una possibile griglia di analisi più che un elenco di verità e ricette assolute.

Abbiamo selezionato 221 esempi, mettendoli in relazione quanto più possibile con i criteri suggeriti nelle pagine precedenti.

Inoltre, come complemento di questo testo, proponiamo anche l'audio[1] di un'esecuzione dal vivo del Giuda Maccabeo, tenuta il 14 ottobre del 2012 nel Teatro Ate della città di Santa Fe (Argentina), interpretato dall'*Orquesta Barroca del Suquía* (direttore Manfred Kraemer) e dal *Coro Polifónico Provincial de Santa Fe*, tutti sotto la direzione di Sergio Siminovich.

Questa registrazione dal vivo non era stata pensata in funzione del presente libro, poiché nel 2012 non pensavamo ad un supporto audio, ma per fortuna avevamo registrato quel concerto e quel materiale sonoro ci è sembrato un adeguato supplemento al presente testo accademico.

Qualche parola sugli interpreti:

Il *Coro Polifónico Provincial de Santa Fe* e l'*Orquesta Barroca del Suquía* sono gruppi di elevato livello professionale, e Manfred Kraemer è una garanzia di eccellenza, trattandosi di uno dei maggiori interpreti di musica barocca a livello internazionale. Chi ascolterà con attenzione questa versione del *Giuda Maccabeo* potrà rilevare in che percentuale i talentuosi interpreti seguano i criteri illustrati nel libro, e anche quanto si discostino (legittimamente!) dalla griglia inevitabilmente limitata di detti schemi.

In questo modo si accorgeranno anche che non può esistere libro o manuale che possa condensare tutte le valenze interpretative, e così potranno scusare con generosità le lacune del nostro "Barocco Possibile".

---

[1] È possibile effettuare il download del concerto all'indirizzo www.edipan.com/ubp

Ouverture, Prima Parte

1. Una *Ouverture* barocca generalmente richiede un'articolazione staccata
    e con un ritmo "sovrapuntato" (per richiamare l'attenzione del pubblico,
    suggerendo che l'opera sta per cominciare, come testimoniano vari trattati!)

2. Applico con criterio la *messa di voce*, poiché il *La* prolungato di violini e oboi crea dissonanza nell'accordo *Mi* ♭-*Do*, che dopo risolve, con leggera dilatazione agogica suggerita dall'abbellimento sul secondo tempo [Capitolo 4, punto 11].

3. Sia nel passaggio da battuta 4 alla 5 che dalla 6 alla 7 abbiamo una risoluzione armonica da dominante a tonica. Di conseguenza inizio queste battute con un *diminuendo*. Avendo situazioni simili anche alle battute 9, 11, 13 e 15, cercare sempre di evitare la pericolosa simmetria [Capitolo 4, punto 8].

4. Il *Fa diesis* di battuta 9 è tanto un finale quanto un inizio di frase. Pertanto al *diminuendo* segue un *crescendo*.

5.   Dissonanza a battuta 10: accentuarla nel basso, che la genera.

6.   Il passaggio del violino I normalmente si abbellisce, elegantemente, in questa maniera (*tirata*):

7.   Culmine melodico, sottolineato con un piccolo accento.

8.   Finale di frase a battuta 13. In questo caso si tratta di una semicadenza di dominante.

9.   Come nell'esempio 6, suggeriamo note di ripieno (*tirata*):

10.   Abbiamo almeno due possibilità per il *da capo* di questa prima parte
      dell'*Ouverture*:
      a.   Ripetizione solo con un oboe, un violoncello e il clavicembalo.
      b.   Ripetizione solo con un violino, un violoncello e il clavicembalo, con
           ornamentazione che proponiamo per entrambi gli archi:

Ouverture, **Seconda Parte -** *Allegro*

11. La nota ripetuta solitamente implica un crescendo, in questo caso di due battute con funzione di *levare*, come se fossimo in 6/8 [Capitolo 4, punto 14].

    Prima del *Re* posizioniamo una grande stanghetta, per evidenziare che è questo il vero punto di arrivo [Capitolo 4, punto 13].

12. Secondo il nostro punto di vista **sull'Articolazione** [Capitolo 5, punto 3], le crome saranno staccate, così come le semicrome, dopo, saranno portate.

13. Cesura prima dell'accento implicito nel trillo [Capitolo 5, punto 1].

14. Due battute di collegamento, e quindi abbastanza libere nell'**Agogica** [Capitolo 7, punto 6].

15. Caratterizzo le semicrome melismatiche separando le minifrasi grazie al salto di terza, che sottolineo con un pacificatore *diminuendo* prima del salto (come l'uso della frizione per cambiare marcia quando si guida una macchina) [Capitolo 4, punto 7].

16. Compare un'emiola (battute di 3/4 in un contesto di 3/8), in ambito tipicamente di cadenza. Funge da segno di interpunzione e posso indicarlo (3/4) sulle parti strumentali, e così lo dirigerò.

    Evitare un accento anticipato sulla terza croma (il secondo tempo dell'emiola) e sottolineare invece la quinta croma (il terzo tempo dell'emiola), che è quella che corrisponde all'accento espressivo del trillo. (Questa prassi si può ritrovare sin dalla musica rinascimentale. Si veda ad esempio la accentuazione nella famosa frottola *"L'Amor Donna ch'io ti porto"* ...)

17. Piccola corona (l'abbiamo chiamata "coroncina") [Capitolo 7, punto 4] prima del collegamento che introduce l'importante entrata del *Tutti* a battuta 107, come se una telecamera suggerisse un brevissimo fermo immagine/zoom prima di aprirsi in una panoramica.

18. Accento retorico sulla nota più acuta del movimento. Mi soffermo un istante in questo *climax*, come un'esclamazione o un grido di vittoria.

19. Qua passiamo al *piano* perché si tratta di una breve coda di cinque battute.

20. Il nostro primo taglio. Per accorciare l'*Ouverture* e dare inizio finalmente alla vicenda narrata nell'oratorio, possiamo saltare il *Lentamente* e andare direttamente a battuta 162.

Primo Atto - Coro *"Mourn, ye afflicted children"*

21. L'**Articolazione** di questo numero richiede crome sciolte, dato che le sillabe del coro corrispondono a questo valore [Capitolo 5, punto 3].

22. Accordo quasi *schumanniano*, degno di essere sottolineato con una piccola inflessione agogica (rafforzata dal fatto che la dissonanza *Mi* ♭-*Si* non è preparata).

23. L'orchestra deve scomparire, con un intelligente *diminuendo*, per valorizzare l'entrata del coro.

24. Il testo suggerisce di *rubare* le crome. Ci sono varie possibilità: solo la totale omogeneità sarebbe poco interessante.

25. Uniformare la durata della nota del soprano a quella del contralto prima della pausa.

26. Accentuare sia con l'agogica che con la dinamica la sillaba "*san*" sulla nota culminante e drammatica.

27. Enunciare con enfasi le tre qualità del *leader* Mattatia: "*hero, friend, father*".

28. Sottolineare il sottile scontro eterofonico tra violino e basso.

29. Esitare un istante agogico prima di pronunciare la categorica parola "*more*", come se si desiderasse ritardare un annuncio così terribile.
E definire l'articolazione nella parte del basso, distinguendo tra monosillabi e bisillabi.

B. friend, and fa - ther is no more,

30. Haendel utilizza a volte questo espediente (vedi *Acis e Galatea*, *Belshazzar*, *Funeral Anthems*, *Deborah*): lasciare il coro *a cappella* quando si parla di morte, come se gli strumenti fossero incapaci di alludere a un tema così estremo, e solo la voce umana fosse capace di descrivere l'angoscia esistenziale.

S. is no more:
A. is no more:
T. is no more:
B. is no more:

31. Alleggerire le note senza sillaba, eseguendole *piano* e *legato* [Capitolo 5, punto 3].

Ob. I. II.
Vl. I.
Vl. II.
Vla
S. sol - - - emn
A. nourn in sol - emn
T. sol - - emn
B. sol - - - emn
B.C.

32. Questo tipico finale include quella che viene denominata *"dissonanza alla Purcell"*: la simultaneità di *Si* e *Do*. Enfatizzarla e goderla.

Recitativo *"Well may your sorrows"*

33.   Incontriamo il primo recitativo dell'oratorio. I recitativi di solito sono la parte meno attraente per il pubblico (e per i cantanti!). L'ostilità della lingua straniera e l'avarizia melodica possono mettere in fuga l'attenzione.

Un buon cantante affronta un recitativo come se raccontasse un avvenimento, con inflessioni più parlate che cantate. Inoltre è di grande aiuto variare la velocità e "saldare" le frasi, saltando qualche pausa.

Analogamente un buon continuista alterna differenti densità sonore [Capitolo 10, punto 2], come se si trattasse di un piano-bar, o riecheggiando alla tastiera lo stile di accompagnamento delle scene del cinema muto.

Qualsiasi condimento creativo aiuterà a ottenere la necessaria fluidità. Anche la durata degli accordi può essere modificata: non sono necessari valori tanto lunghi.

Ad esempio, posso differenziare le durate allargando le dominanti e accorciando le toniche [Capitolo 4, punto 8].

Un espediente molto suggestivo consiste nel cambiare lo strumento secondo il personaggio, e questo richiede un'attenta assegnazione dei ruoli.

Duetto *"From this dread scene"*

34. La vera stanghetta sta prima di battuta 2 per il primo violino [Capitolo 4, punto 13] e prima di battuta 3 per il secondo violino.

35. La prima frase del solista ci suggerisce due affetti [vedi Appendice 1], ogni due battute. Possiamo dunque incorporarli efficacemente anche alla declamazione dei violini.

36. Trillo obbligato [Capitolo 9, punto 1]. L'ideale sarebbe che la necessaria appoggiatura (*Si bemolle*) non addolcisca l'urto tra i due violini.

37. La battuta 14 dei violini può essere interpretata in due modi: con un *diminuendo* nel rimbalzo delle note ripetute, o con un *crescendo* che ci porta fino al *Mi bemolle* culminante del solista, raggiunto con un drammatico salto di nona.

38. Per evocare l'effetto "fumoso" del testo possiamo far ricorso al *legato*, con un andamento stanco, quasi indolente, ambiguo.

39. Luogo ideale per una cadenza a carico di entrambi i solisti, o, in sua mancanza, per un deciso *Adagio* che privilegi la bellezza della fusione tra le due voci.

Coro "For Sion lamentation make"

40. Come ha analizzato così lucidamente Schweitzer (1955) [vedi Appendice 1], il ritmo del continuo raffigura le campane funebri.

41. Il violoncellista, leggendo la numerazione del continuo, capirà i suoi *crescendo* e *diminuendo*. Quanto più complessa è la numerazione, maggiore sarà il volume perché si tratterà di una tesa dissonanza [Capitolo 10, punto 4].

42. Non ritardare la "s" fino alla pausa [Capitolo 8, punto 5].

43. Il terzo tempo di battuta 12 funziona come *climax* espressivo: è un ponte violinistico verso la battuta 13 di contralto e tenore, che inizia con accento e presenta un espressivo ritardo agogico, mentre i violini abbassano la tessitura per lasciare spazio al coro.

44. Accento sulla dissonanza del soprano (4-3). È la dissonanza più frequente, da Palestrina alla musica pop e, correttamente enfatizzata, non perde mai di efficacia.

45. La voce che più avanti crea un'analoga dissonanza (4-3), il contralto, è quella che unisce il levare alla battuta 28 più delle altre voci, con un significativo *crescendo*, come un avvertimento che richiama attenzione fino alla dissonanza.

Aria *"Pious orgies"*

46. Rubato instabile nei violini, come a disdegnare la schematica stabilità di viola e continuo nei primi tre tempi.

47. Formula dinamica base [Capitolo 5, punto 5], con tre elementi tipici: *levare*, accento e sillaba debole; corrisponde a "il ba -roc-co ".

48. Articolazione del continuo: salto separato, grado congiunto legato [Capitolo 5, punto 2].

49. Cesura prima del sostantivo significativo [Capitolo 5, punto 1]

50. Compare di nuovo la *formula base*.

51. Ornamentazione quasi implicita, come negli esempi 6 e 9.

52. È interessante unire il terzo tempo al quarto, per sottolineare la tensione indicata dall'armonia, sottraendosi così ad un andamento piuttosto simmetrico.

53. Pausa carica di tensione. Impariamo così a distinguere tra pause vuote e pause piene.

Coro "*O father, whose almighty power*"

54. Torna ancora la *formula base*, questa volta con chiara articolazione: il *levare* corto sottolinea l'accento successivo.

55. Molto *diminuendo* nel salto d'ottava discendente, come un mancamento, un rimbalzo, una ripercussione, un'eco.

56. Un buon esempio di "non coincidenza": qui il testo del coro richiede un'articolazione differente rispetto all'*incipit* degli archi (esempio 54). Non avendo raddoppio strumentale possiamo tralasciare questa "irregolarità", forse dovuta al carattere mistico del coro a cappella o all'eterogeneità che compare in tanti aspetti del Barocco, sottolineando alla battuta 13 una parola così eloquente.

57. Melisma che merita un'attenzione minuziosa, con forchette dinamiche che indichino chiaramente la separazione delle frasi [Capitolo 4, punto 7].

58. La semiminima puntata ha la funzione di collegamento verso il coro. Pertanto richiede un *crescendo*, che conquista il salto di settima e il cromatismo.

59. Evitare l'accentuazione regolare ad ogni battuta [Capitolo 4, punto 13], alleggerendo *"Thy"*.

60. Il ponte di collegamento del secondo violino inizia dalla seconda croma, il
     che implica un alleggerimento della prima croma di battuta 33 (risoluzione
     armonica sulla tonica).

61. Lo *swing* del tema fugato si ottiene mettendo molta enfasi nelle consonanti
     [Capitolo 8, punto 1]. Generalmente nel coro lo *staccato* si usa meno che
     nell'orchestra, ma questo è un buon momento per proporre uno *staccato*
     brillante ed incisivo.

     A battuta 39, sillaba debole *"quer"*, in un eloquente bisillabo. A battuta 40,
     ponte attivo nel continuo, dalla seconda croma.

62. Alleggerire coerentemente le note senza testo del contralto, soprattutto perché il disegno melodico sale ed è doppiato dalla viola e dal secondo violino.

63. Le ultime tre crome dei violini sono un passaggio di collegamento (battuta 49). Pertanto suonarle *"alla corda"* (uno staccato evocherebbe le instabili assicelle di un ponte piuttosto insicuro).

64. *Crescendo* per la progressione modulante:

65. Il tenore ha un salto di ottava su sillaba debole solo per dissimulare le quinte parallele. Fare molta attenzione pertanto ad alleggerire molto questo banale ed accademico *Fa* acuto.

66. Sottolineare, invece, il *Mi bemolle* del tenore (settima non preparata) per dare rilievo e carattere a tale momento epico.

Recitativo accompagnato *"I feel the deity within"*

67. La notazione ritmica dell'epoca sottintendeva una convenzione: la scrittura era semplificata, ma l'esecuzione di questi ritmi era sempre puntata (e questo costituisce un buon esempio di come la *letteralità* si possa opporre alla *letteratura*).

68. In questo caso la cadenza degli archi va posticipata, dopo il terzo tempo del solista [Capitolo 10, punto 7].

69. Alla fine della battuta 15 accorciare la nota degli archi, che non dovrebbe durare più di due tempi.

Coro e solo *"Arm, arm ye brave"*

70. Libertà ritmica quando il continuo tace ("quando il gatto non c'è i topi ballano…").

A battuta 2 appoggiare la nota acuta, come una conquista. Non assecondare l'abituale panico dei violinisti in questi passaggi con un *diminuendo* che risulterebbe piuttosto sospetto.

71. Con il grado congiunto, dall'ultima croma di battuta 3 compare a sorpresa il *legato*, dopo tanto *staccato*.

72. L'unisono, per la sua mancanza di valore contrappuntistico, richiede come compensazione molto carattere e volume, per non suonare vacuo e ingiustificato.

73. Non colpire le note finali nella semicadenza a battuta 8.

74. Nonostante le voci procedano per grado congiunto, la cadenza, al cambiare dell'armonia da 6-4 a 5-3, richiede di separare questi accordi.

75. Il *crescendo* quasi *hollywoodiano* del primo violino richiede un'articolazione *"alla corda"*, imprimendo il suo sigillo d'articolazione egemonica anche al secondo violino e alla viola.

76. Haendel suggerisce una strumentazione colorita (il fagotto raddoppia il solista, e dopo compare il trio di ance). Non lasciare che questo dettaglio di colore passi inosservato.

77. *Crescendo* nei brevi passaggi strumentali di collegamento, quando tace l'enfatico solista.

78. Una volta ancora la frase del primo violino va suddivisa in corrispondenza del salto e del cambio di direzione della melodia [Capitolo 4, punto 7].

79. Posso prolungare agogicamente gli accenti, che coincidono con i salti espressivi [Capitolo 7, punto 4]

80. Il *Si naturale* domina ossessivamente per tre battute durante la plateale enumerazione del solista (*"nation"*, *"religion"*," *laws"*), fino a conquistare il Do (*"Almighty"*, onnipotente).

81.   Il *climax* arriva con il nome di Dio, sul *Mi acuto*.

82.   Ritmo che descrive il galoppo.

83.   *Crescendo* sulle ultime crome perché cambia il ritmo armonico (finalmente compare più di un accordo per battuta).

84. Retoricamente il protagonista viene nominato tre volte, come accade con
     le tradizionali invocazioni liturgiche. Il ritmo dei violini (*dattilo*) viene messo
     in risalto con accento su ogni tempo.

85. Per dare l'idea del tumulto (come le turbe delle *Passioni*) le voci si inseguono
     in uno "stretto", che deve essere evidenziato con accenti ad ogni entrata. A
     battuta 103 evitare di accentare il *Mi* del soprano, dato che manca di sillaba
     propria.

86. Possiamo mettere in rilevo il verbo facendolo precedere da una piccola cesura.

87. Tipico finale (molto frequente in Bach), con espansione dell'armonia su un primo grado effettivo (*Do* con settima del continuo), come per annunciare la conclusione.

Aria *"Call forth thy pow'rs"*

88. Per dare forma a questo disegno, metteremo tra parentesi il finale della prima scala. Le semicrome saranno *"alla corda"* e le crome *staccato*, per tre solidi motivi: valori più lunghi, salto e cambio armonico (implicito) 6-4/5-3.

89. Suonare l'episodio di battuta 4 come una fanfara, che corrisponde al carattere guerriero del solista. Alle battute 6 e 7, accenti retorici sulla sillaba *"con"*.

    La guerra *("war")* ha sempre un destino incerto: per questo appare un melisma così sinuoso, che richiede una grande padronanza dell'Arte del Melisma.

90. *Crescendo* degli strumenti nelle pause del solista.

91. È il momento giusto per frenare questa cascata di note. Posso farlo in qualsiasi momento della battuta 29. Ogni opzione ha un'attrattiva differente. Il *La diesis* del tenore (battuta 29) può essere tenuto, come un orgoglioso trofeo.

Duetto *"Come ever-smiling liberty"*

92. Nel disegno di tre crome, spesso la seconda non porta testo, e pertanto va alleggerita.

93. Accordo stupendo a battuta 11, abbastanza avanzato per il linguaggio barocco. Trattandosi inoltre di un delicato momento intimista, potremo sottolinearlo stirandone un po' la durata. Posso anche prolungare la nota che precede le veloci semicrome del solista [Capitolo 7, punto 3].

94. Tensione sulla dominante e distensione sulla tonica.

For thee we pant, and sigh for thee, ———— and sigh for thee,

For thee we pant, and sigh for thee, for thee we pant, and sigh for thee,

95. L'articolazione minuziosa dei violini non dev'essere un impedimento per la sensazione di direzionalità.

sigh for thee, With whom e - ter - nal plea - sures reign.

sigh for thee, With whom e - ter - nal plea - sures reign.

96. Non lacerare l'eleganza danzante di questo numero accentuando le semiminime acute, bensì le crome che le precedono.

reign.

reign.

Coro *"Lead on"*

97. Gli archi martellano colpi, per "svegliare" il pubblico dopo il placido duetto.
     Oboi e continuo: ritmo energizzato dalla pausa (che crea ansietà) e dalla
     repentina frenesia delle crome.

98. Alternare gli accenti che nominano il protagonista.

99. Può essere un buon effetto unire il primo tempo al secondo, saltando la virgola con un'espressiva "freccia" di fusione.

Semicoro *"Disdainful of Danger"*

100. Articolazione di base: semicrome "alla corda", tranne quando si tratta di note ripetute; crome *staccato* [Capitolo 5, punto 3]. Raggruppiamo, come in molti casi di tempi ternari, come se fossimo in 6/8.

101. Cesura dopo la nota iniziale, prima della cadenza, come una mini-pausa prima di affermare una conclusione.

102. Protagonismo degli archi, che emergono dopo tante battute di mero raddoppio, passando così da sfondo a soggetto.

103. Cambio di *"affetto"* (*"mood"* è la parola inglese che meglio rappresenta questo concetto). La nota puntata descrive l'atto di inginocchiarsi, di prostrarsi innanzi alla divinità.

104. Tentati dalla scrittura strumentale, corriamo il rischio di rispettare una emiola inesistente alle battute 39 e 40, visto che l'accentuazione del coro la smentisce.

105. Se terminiamo qui il Primo Atto, come abbiamo suggerito, una *petite reprise*, tanto usata nel Barocco, darà una buona sensazione di chiusura, ripetendo le ultime tre battute più piano, come la diluizione di un'eco.

Secondo Atto – Coro *"Fallen is the foe"*

106. Il fraseggio di questo lunghissimo melisma richiede molto ingegno e una matita minuziosa (altrimenti gli strumentisti lo affronteranno con un costante ed inflessibile *mf*).

107. Le frasi di collegamento dei violini, quando tace il continuo, sono sempre molto energiche. In questo caso sostengono la struttura non come un pavimento, ma piuttosto come le travi di un tetto.

108. A battuta 13, gioco onomatopeico del coro. Gli archi devono imitare questo tipo di attacco, ma senza oscurare l'esplosione della "F" che precede le note. A battuta 15, uniformare il fraseggio di coro e archi, legando le crome senza sillaba propria.

109. L'acuto del soprano ha una funzione molto enfatica.

110. Questo passaggio richiede grande attenzione, mettendo tra parentesi tutte le note che non portano una sillaba propria. Ma senza tralasciare le "s" finali, premura raffinata e di grande effetto.

111. Battute delicate: il fraseggio del tenore è semplice, essendo un passaggio abbastanza sillabico; per la parte del basso vale l'esempio precedente. La parte del contralto è la più difficile, essendo quasi priva di sillabe: un buon fraseggio crescerà fino all'espressivo e plagale *Si bemolle*, senza sfigurarlo con un accento.

112. L'uso retorico del suono "f" deve creare… una sensazione di terrore, come una tempesta (accorgimento amplificato dall'ambito di *piano*, quasi sussurrato).

113. Un leggero ritenuto sulla quinta croma, prima del tema figurato, aiuta la comprensione strutturale, frenando la sezione precedente e annunciando la successiva.

114. Ripetizione retorica del verbo, con enfasi, come stoccate.

115. Allargare il quarto tempo crea una grande sospensione, prima del finale, e senza rete di contenimento, poiché in questo *levare* il continuo tace.

Duetto e Coro *"Hail, Judea, happy land"*

116. Accordi che cambiano da tonica a dominante e di nuovo a tonica in pochi istanti, come i timpani. Affrontarli come colpi di karate, come affermazioni categoriche, come tagliente delimitazione territoriale. A battuta 2 arriviamo alla nota più acuta: culmine elegante senza la rusticità di un accento, con piccola detenzione agogica, dovuta al cambio di direzione della melodia.

117. Ponte di collegamento dei violini sulle ultime tre crome: suonare *"alla corda"* (vedi esempio 14).

118. Il terzo tempo di battuta 54 è tanto finale quanto nuovo inizio (vedi esempio 4). Effetto: si chiude il sipario e si cambia scena.

Aria *"How vain is man who boasts in fight"*

119. Non accentare la nota grave, perché il ritmo dattilo (Vedi es. 84) implica accento e due note in *diminuendo*. Ciò coincide inoltre col testo del solista.

120. Suonare suggerendo due voci, come in composizioni per strumento melodico solo (una *Fantasia* di Telemann o una *Partita* di Bach).

121. Non accentuare note nella caduta (vedi es. 119).

122. Fare attenzione che queste battute non risultino ritmicamente meccaniche, facendo una cesura prima dell'ultima croma di battuta 39 e prima del terzo tempo di battuta 41.

123. L'ossessiva nota ripetuta (prima dal continuo e poi dai violini) descrive in maniera molto eloquente la parola *"fight"*.

124. La seconda parte di quest'Aria suggerisce un cambiamento di colore nel continuo: passiamo quindi dal clavicembalo alla tiorba.

Solo e Coro *"Ah! Wretched Israel"*

125. Haendel indica *"cello solo"*. Si consiglia di incorporare anche uno strumento armonico (tiorba o organo), ma soltanto a partire dal punto in cui compare la numerazione per gli accordi del basso a battuta 6. Questo accorgimento può essere adottato, ovviamente, anche in casi analoghi, e il risultato è molto suggestivo. Il violoncello dovrebbe legare la croma alla semiminima, come accade nel testo del soprano. Questo tipo di articolazione indica *contrarietà*. Legare invece le prime due note del disegno suggerirebbe *rassegnazione*.

126. Articolare la battuta 33 legando le prime semiminime per l'effetto di danza.

127. *Climax* con dissonanza 4-3, la prima dissonanza del brano, così affollato di sereni accordi modali.

128. Illustriamo la caduta *"fall'n"* con un *subito **p***, come sorpresa inquietante, sottolineata dalla settima nel continuo.

129. La battuta 60 può essere interpretata come una sospensione, un'eco congelata nel tempo.

130. Possiamo aggiungere al primo violino la nota di passaggio e il trillo, in questo frammento di concisa bellezza.

131. *Levare* espressivo della viola e del secondo violino: superano la loro funzione di mero ripieno per creare un ponte.

132. "Coroncina" sulla stanghetta tra battuta 102 e 103, per stabilire chiarezza strutturale: cambio di testo… cambio di scena.

133. Incontriamo l'accordo più drammatico del Barocco; la settima diminuita (nelle *Passioni* di Bach compare quando si allude a Giuda Iscariota o a Barabba).

Quest'Aria è trattata in maniera più approfondita nell'Appendice E.2

Aria *"The Lord worketh wonders"*

134. Il trillo, non avendo qui funzione armonica (di cadenza) ma meramente melodica (decorativa), non richiede un'appoggiatura troppo lunga. Suggeriamo che la vera stanghetta della battuta, come succede spesso in Telemann e Vivaldi, corrisponda al terzo tempo.

135. Suggeriamo un'articolazione variata:

È molto difficile fraseggiare i lunghi melismi di quest'Aria. Sarebbero oggetto d'esame in un'esigente Cattedra di... Melismi!

136. Il *Re* acuto è un culmine che, al contrario di ciò che abbiamo visto per tanti altri melismi [Capitolo 4, punto 9] merita di essere appoggiato, giacché illustra chiaramente la parole *"raise"*.

137. Il melisma di battuta 26 è molto più difficile da modellare di quello di battuta 24, nel quale potevamo contare sull'aiuto dei salti di quarta come le pietre miliari lungo una strada.

138. Invece, suggeriamo di non accentare il *Re diesis* del violino, poiché la frase melismatica comincia dalla nota successiva.

139. Accentare le note gravi, quando cambia l'armonia, come appoggi in una *Partita* per violino solo.

140. Cambio di *Affetto*, poiché cambia il testo e incontriamo valori più calmi e una sesta come dissonanza cadenzale non preparata. Le crome che seguono richiedono un *portato* espressivo.

Solo e Coro *"Sound and alarm"*

141. Ogni croma è pulsazione (quindi, *staccato*) e, inoltre, abbiamo frequenti cambi d'armonia.

142. Manierismo agogico menzionato nell'esempio 80, con ossessiva nota "cardine" (*Mi*).

143. Articolazione tipica della danza Giga,

con effetto di *diminuendo* quasi "tirolese" (*yodel*) sulla seconda croma del disegno. Conseguente effetto di *crescendo* ansioso nei successivi *levare* di due crome con sillabe proprie.

144. Difficile fraseggio, perché si tratta di un disegno reiterativo. Conviene qui giocare con la *macrodinamica*, introducendo piani contrastanti.

145. Cambio di *"mood"*, unito al cambio di piede metrico.

146. Sembrerebbe volerci dire: la "giustizia" e il "coraggio" si equivalgono, visto che si alternano in altezza.

147. Pausa retorica, come avvistando le truppe che si avvicinano.

148. Espediente metalinguistico: incontriamo una settima non preparata nel soprano, che ci obbliga ad "ascoltare" ("*hear*").

149. *"Pleasing"* è sull'accordo più piacevole, quello di sottodominante, caratteristico delle oasi plagali. *"Dreadful"*, al contrario, è su un accordo tagliente, quello di sesta "sensibilizzata".

150. Questo disegno dei violini alle battute 41 e 42 riflette tanto la parola *"follow"*, quanto le scariche degli archibugi (Vedi *"The trumpet's loud clangour"* nell'*Ode a Santa Cecilia* di Haendel, battuta 66).

151. La parola *"conquest"*, alla sua prima comparsa, è contundente: tonica-
dominante, come per imitare dei timpani.

152. La sequenza di accordi di settima suggerisce che una caduta decorosa non sia necessariamente definitiva.

153. Qualche vecchio libro di autoaiuto (Carnegie 1936) ci insegnava che la parola più gradita alle nostre orecchie è… il nostro nome! Qui la nota più acuta del soprano (il *La*, che comparirà accentato solo un'altra volta in tutto l'oratorio) è sulla parola *"we"*.

154. La nota modulante (*Si bemolle* a battuta 4) sottolinea la parola *"divide"*, annunciando il cambio di funzione dell'accordo di *Do*.

155. Il *Si bemolle* (settima diminuita, battuta 11) si riferisce, retrospettivamente, alla parola *"profanation"*.

Aria *"With pious hearts"*

156. Queste legature in controtempo (molto vivaldiane) alludono all'esitazione o alla supplica.

157. Possiamo ottenere un accento espressivo... per sottrazione [Capitolo 4, punto 9], scegliendo di tenere l'acuto molto leggero (effetto *yodel tirolese*, già citato nell'esempio 143). E' molto più attraente che colpire gli acuti impunemente.

158. Possiamo attardarci nel trillo: questo cattura l'attenzione e suscita *suspense*, come molti altri *levare*.

159. Collegamento espressivo a battuta 22 dei violini (avrebbe avuto molta meno forza con le sole note *Mi-Re-Do-Mi-Re-Do* senza il salto espressivo sul *Fa*).

160. Analogamente, *Fa-Re-La* è molto più espressivo di *Fa-Sol-La*. Interrogarsi sulle motivazioni che portano l'autore a scegliere ogni singola nota è un eccellente esercizio per approfondire l'interpretazione.

161. La parola *"God"* implica un categorico unisono. Per di più si sviluppa in un insolito accordo di undicesima.

Una situazione analoga (accordo di tredicesima!) si riscontra nel *Messiah*, precisamente nel coro *"For unto us a chil is born"*.

Aria *"Wise men, flattering, may deceive us"*

162. Le prime battute suggeriscono un'articolazione leggera, come un *Minuetto*. Questo *"mood"* cambia alle battute 5-8.

Una buona distribuzione asimmetrica eviterà di accentare ogni battuta. A questo scopo il testo del solista può essere di molto aiuto.

Duetto e Coro *"Wise men, flattering, may deceive us"*

163. Il continuo merita di essere numerato con molta attenzione, poiché l'armonia può cambiare ad ogni battuta o... ad ogni croma! Sono permesse varie possibilità:

164. Ponte di collegamento inconsueto, che quasi si diluisce in un delicato *diminuendo*, come se i violini volessero dare ad intendere che si ritirano dalla scena per un po'.

165. Potremmo azzardare una valenza semantica per ogni singola parola della frase *"but ever worship Israel's God"*: contrarietà/eternità/devozione/instabilità/stabilità.

166. Ci possiamo permettere una "licenza strutturale": sovrapporre le battute 87 e 88, per non perdere continuità. Sappiamo che questo accadeva spesso, nell'unione di movimenti consecutivi.

CORO - "We never, never will bow down"

167. Se evitiamo il respiro di tenore e basso in corrispondenza dei due punti (battuta 114), creiamo maggiore tensione. Il segno per indicarlo può essere la freccia. Idem a battuta 123 per soprano e contralto.

168. Il primo accordo sulla parola *"God"* è insolito. Dio lo è sempre, ai nostri occhi sbalorditi... poiché "è Colui che è", trascendendo così la nostra comprensione.

169. Melisma difficile, che denota la sua origine strumentale (Corelli). Va realizzato con grande intelligenza e delicatezza, aiutati, fortunatamente, nel suo esteso registro, dal sostegno degli archi (a differenza del chilometrico melisma del *Fecit Potentiam* del *Magnificat* di Bach, che non può contare su tale appoggio).

170. Dalla battuta 173 possiamo adottare un'accentazione strumentale (come in un *bicinium* del Rinascimento) appoggiando la nota lunga e acuta.

171. Il sorprendente *La* acuto riflette lo stupore di fronte a Dio.

Terzo Atto – Aria *"Father of Heaven"*

172. Le ultime tre crome rispecchiano le famose "quinte di corno": quindi vanno articolate in *staccato*.

173. Ponte *rubato* su terzo e quarto tempo, approfittando dell'indugio dovuto all'effetto "magnetico" del punto.

174. Non accentare il secondo *Do*, come si usa nella prassi ottocentesca (e anche nella poliritmia rinascimentale, come suggerito nell'esempio 170), ma piuttosto la croma precedente.

175. Dinamica (*crescendo-diminuendo*) suggerita dalle differenti tensioni armoniche.

176. Rapimento estatico, senza tempo. Quantz suggerisce, in questo tipo di passaggi e cadenze solistiche, di sorprendere il pubblico con fiati lunghissimi. In questo caso, prolungare la minima *ad-libitum*.

177. Enfasi sulla parola-chiave "*Thy*".

178. Il *levare* di battuta 37 è, probabilmente, la frase più bella dell'oratorio. Si tratta del *levare* che raggiunge la vetta più alta. Individuare mete di suprema bellezza è fondamentale per una direzione "mirata" e propositiva.

179. Un effetto seducente: prolungare la nota finale di battuta 63, unendola con l'inizio di battuta 64.

Recitativo *"O grant it, Heaven"*

180. Improvvisare una "fanfara" con il continuo, dando risalto alla parola "*war*".

Aria *"So shall the lute and harp awake"*

181. Grande sfida: fraseggiare l'intricato melisma del violino.

182. Non accentare la quinta nota del melisma, perché è una ripetizione della prima, e quindi non porta nuova informazione: chiude il ciclo come un rimbalzo intorno a quella nota iniziale.

183. Quantz suggerisce di eliminare qualche nota, se il fiato non basta per una frase molto lunga. In questo caso, annulleremo la seconda nota di battuta 23 e lì si potrà respirare.

184. Tipico esempio di fraseggio di un melisma secondo lo schema 5+3.

and   spright - - - - - - - - - -

185. Qui invece il fraseggio sarà 6+2 (sarebbe stato 5+3 se le note iniziali fossero state *Do-Si-Do-Re-Do-La-Si-Do*).

(strains) _____

186. Momento splendido perché il solista si metta in mostra con una cadenza che evidenzi le sue virtù (estensione o volume o fiato o ornamentazione fantasiosa… oltre a spavalda teatralità).

in   the pure strains   of   Jes - se's Son.

B. C.

Coro *"See, the conqu'ring hero comes"*

187. Esempio molto semplice da spiegare al coro, perché presenta sinteticamente nota senza sillaba, sillaba accentata e sillaba debole. Si tratta del brano corale di Haendel più noto dopo l'Hallelujah: Haendel stesso affermava "Non è il mio pezzo più riuscito, ma sarà certamente il più famoso!".

S.

See   the _____ con - qu'ring

A.

See   the _____ con - qu'ring

T.

See   the _____ con - qu'ring

B.

See   the _____ con - qu'ring

Solo e Coro *"Sing unto God"*

188. Ancora una volta ci incontriamo con la sfida di fraseggiare in maniera intelligente un sinuoso melisma.

189. Parole molto ricche di significato (*"high"*, *"crown"*, *"conquest"*), abilmente musicate da Haendel.

A battuta 10 del continuo non accentare la croma che viene dopo le semicrome (tendenza deplorevolmente abituale, quasi… *"newtoniana"*), poiché tale croma è una distensione consonante, e non una scarica catartica.

190. Suggeriamo che la prima tromba consideri il *Re* di battuta 23 come *levare* della nuova frase, imitata poco dopo dalle altre due trombe.

191. I contralti del coro devono imitare il suono delle trombe, nella loro tessitura molto comoda e brillante (il La pieno).

192. Deliziose battute di collegamento dei violini, degne di essere messe in risalto.

193. I valori brevi di trombe e timpani che chiudono la battuta 50 hanno la funzione energizzante e percussiva già menzionata [Capitolo 8], come un ponte vigoroso e superbo.

194. Incontriamo un geniale scherzetto di Haendel: l'energia ritmica delle battute 50 e 51 porta di solito, per inerzia, qualche strumentista o corista a non rispettare completamente la pausa che precede battuta 52. Lo abbiamo riscontrato con diversi ensemble, sia di amatori che di professionisti... Probabilmente Haendel se la ride ogni volta che l'errore si verifica... visto che il testo dice *"With unmeasured praise"*!

195. Una scintilla di accento sulla nota più brillante della tromba: il *Re* sopracuto (quasi un effetto sincopato jazzistico).

196. Caso analogo all'esempio 193.

197. Il finale può risultare anche più brillante, con disegno di fanfara di questo tipo:

In questo caso (elaborato *ad hoc*), assumiamo che il *tutti* risolva nella terza battuta e la fanfara estenda la risoluzione con i motivi ritmici esposti, così come appaiono in diverse composizioni di Haendel, come in *Israele in Egitto*:

O in *Joshua*:

Aria *"With honour let desert be crowned"*

198. Accordi inaspettatamente modali. Haendel generalmente usa questi colori per suggerire un'ambientazione arcaica, richiamando l'epoca dell'Antico Testamento.

199. Ovviamente la parola *"desert"* non ammette la presenza di strumenti...

Coro *"To our great God"*

200. La fonetica del testo corale (sottile cesura tra le parole *to-our*) ci suggerisce di articolare in maniera analoga nel raddoppio degli archi.

201. Nel Barocco, per *"basso seguente"* si intende il tradizionale raddoppio della voce più grave del coro con l'organo. Questo accorgimento non è sempre necessario se il coro è sicuro delle sue note. Quando usato, tuttavia, conviene adoperare l'organo mentre il basso del coro tace, e riservare invece il clavicembalo e il contrabbasso fino a quando il basso del coro fa il suo ingresso.

202. Il linguaggio implicherebbe un trillo obbligato per il soprano (semicadenza). Ma qualora questo risultasse difficoltoso per il coro, basterà che trillino i violini, mentre chiederemo ai soprani solo un lieve accento, come suggerito nell'Appendice 4). Questo ci consente di evidenziare la prossimità tra l'accento (che attiene alla dinamica) e il trillo (ornamentazione) [Capitolo 9, punto 1].

203. I due ultimi tempi della battuta 28 richiedono separazione, per il loro "ritmo armonico": corrispondono infatti ad accordi impliciti differenti nonché a due parole distinte.

204. Generose *messe di voce* su ogni nota lunga del soprano [Capitolo 4, punto 11].

Se con una freccia superiamo la virgola di battuta 39, guadagniamo energia.

205. Interessante caso di eterogeneità della scrittura, niente affatto aliena alla prassi della notazione approssimativa del Barocco (battuta 55). Ci chiediamo: dobbiamo scegliere la pausa delle voci o la nota prolungata degli archi? Potremmo anche domandarci: non sarà che Haendel inserisce la pausa nelle parti vocali... per consentire un respiro? Però, insistiamo, l'eterogeneità e la mancanza di precisione maniacale caratterizzano la scrittura barocca, con esempi illuminanti nelle cantate di Bach, dove spesso il fraseggio del coro e l'articolazione segnata per gli archi mostrano profili differenti.

206. La nota iniziale di questo frammento è tanto un finale quanto l'inizio della breve coda che cala il sipario su questa scena (Vedi esempio 118).

Duetto *"O lovely peace"*

207. Suggeriamo di non interrompere il suono prima della culminazione del *Re* in *Mi*.

208. "Coroncina" in vari possibili momenti. Scegliere con buon senso e raffinatezza.

Solo e Coro *"Rejoice, O Judah"*

209. Altro caso di fraseggio arduo, da non ricondurre a meri stereotipi.

210. Accentare o no i brillanti acuti? Crediamo che in questo caso, e in questo momento finale dell'oratorio, sarà opportuno optare per gli accenti, ma senza afflosciare la tensione fino alla cadenza di battuta 14.

211. A differenza dei violini, il solista ha un *levare* non di croma ma di semiminima. Giustificare pertanto questo valore più lungo con un bel *crescendo* "accumulativo", come se il *Re* iniziale generasse il suo armonico, il *La*.

212. Evitare gli accenti sulle crome senza testo.

213. Un momento in *piano* romperà la monotonia del *mf*.

214. Audace settima (*Do naturale*), ultimo degli armonici accessibili.

215. Esempio di elegante possibile abbellimento per il solista.

216. Passaggio *"alla corda"*, perché abbiamo, finalmente, gradi congiunti, che evocano la solida "conquista".

217. Suggeriamo i seguenti accenti, distribuiti asimmetricamente.

218. L'insolito disegno di tenore e continuo nel finale di battuta 55 ci sembra giustificabile solo in funzione di non permettere cadute di tensione.

219. Passaggio brillante, molto percussivo, quasi anticipatorio di Poulenc o Bartok.

220. Gli archi devono imitare l'effetto dell'esempio precedente.

221. Ritmiamo la parte delle trombe (Vedi esempio 197).

Di seguito riportiamo due possibilità per arricchire il ritmo delle trombe:

1)

2)

E. OSSERVAZIONE AL MICROSCOPIO

Analizzeremo due numeri del *Giuda Maccabeo* con maggior dettaglio rispetto ai 221 esempi precedenti: un Coro e un'Aria, con un microscopio più sensibile.

L'obiettivo finale sarebbe poter giustificare ogni singola nota del compositore: capire la sua funzione e dedurne l'interpretazione. Appropriarsi completamente dell'opera… riscrivendola! (metaforicamente)

Si racconta che Mozart si intrattenesse copiando quartetti per archi, ma escludendo la parte originale della viola, in modo da obbligarsi a postulare la sua versione di quella parte. Questo è l'atteggiamento che vorremmo promuovere, diluendo così la barriera autore-direttore.

E.1 Coro *"Lead on"*

Ju- dah disdains, Ju- dah dis- dains The gall- ing load of hos - tile chains,

dains The gall- ing load of hos-tile   chains,   of hos - tile   chains,   Ju- dah disdains The gall - ing

dains The gall- ing   gall- ing, gall- ing   load, the gall- ing load of hos -tile   chains,   Ju- dah disdains The gall - ing

Ju- dah disdains the   gall- ing, gall- ing   load, the gall- ing load of hos - tile   chains,   Ju- dah disdains The gall - ing

Lead   on,   lead on,   Ju- dah disdains The gall - ing load of hos- tile

load of hos - tile chains,   Lead   on,   lead on,   Ju- dah disdains The gall- ing load of hos- tile

load   of hos - tile chains,   Lead   on   lead on,   Ju- dah dis- dains The gall- ing load of hos- tile

load of hos - tile chains,   Lead   on,   lead on.   Ju- dah dis - dains The gall - ing load of hos - tile

13
Vl. I.
Vl. II.
Vla.
Ob. I.
Ob. II.
S.
chains, Lead on, lead on Ju - dah disdains The gall - ing load of hos - tile chains, the load of
A.
chains, Lead on, Ju - dah disdains The gall - ing load of hos - tile chains, the load of
T.
chains, Lead on, lead on, Ju - dah disdains The gall - ing load of
B.
chains, Lead on, lead on, Ju - dah dis dain The gall - ing load of
B.C.
16
Vl. I.
Vl. II.
Vla.
Ob. I.
Ob. II.
S.
hos - tile chains, Lead on, lead on, Ju - dah dis - dains The gall - ing load of
A.
hos - tile chains, Lead on, lead on, Ju - dah dis - dains The gall - ing load of
T.
hos - tile chains, Lead on, lead on, Ju - dah dis - dains The gall - ing load of
B.
hos - tile chains Lead on, lead on, Juh-dah dis - dains The gall - ing load of
B.C.

Battuta 1: Gli accordi massicci servono a risvegliare l'attenzione del pubblico, con l'apparizione della "turba" (coro del popolo, presente in tanti oratori e nelle *Passioni*). I bassi del coro completano brillantemente l'arpeggio, con un disegno "timpanistico".

Battuta 2: Gli oboi si uniscono con l'agitazione di chi arriva tardi e, perciò, con energia frastornata. Il terzo tempo si sviluppa in una semicadenza di dominante, interrompendo il trionfale arpeggio di *Re*. Questo punto di flessione permette *l'exploit* dei bassi, sorprendentemente *a cappella*, in modo che il testo, di argomento molto significativo, emerga senza che alcuno strumento lo offuschi.

Battuta 3: Le note culminati dei bassi coincidono con le parola chiave (*disDAINS/ LOAD*), mentre la nota sulla parola con maggior carica drammatica (*HOStile*) prende il punto, calamita di durata maggiore e ipnotica.

Battuta 4: Contralto e basso procedono per moto contrario, simboleggiando il disegno di un abbraccio. Il tenore evita il *Re* sulla sillaba *"dains"*. Questo *Re* sarebbe stato la risoluzione melodica più logica, però avrebbe sottratto enfasi al *Re* presente su *"galling"*.

Battuta 5: La cadenza "evitata" consente di prendere maggior impulso. Ed è proprio qui, significativamente, che si aggiungono gli archi.

Battuta 6: L'uso dell'imitazione "stretta" trasmette ansietà, tumulto.

Battuta 7: Non abbiamo niente da dire. E questo è grave! Se il direttore non trova niente di speciale da sottolineare, da suggerire sottilmente… allora questa battuta, durante il nostro concerto, passerà senza infamia e senza lode, come un momento vuoto. (Ammettiamo, a nostra discolpa, che si tratta di una battuta abbastanza convenzionale. Possiamo rilevare soltanto che, per interrompere la regolarità, l'ingresso dei soprani a battuta 7 è ritardato rispetto al rapido susseguirsi degli ingressi delle altre voci alla battuta precedente, come se Haendel avesse voluto mettere in evidenza l'entrata della voce superiore, che conferisce sempre maggiore brillantezza al tessuto musicale. Ma… sarà tutto questo sufficiente per dare giustificazione ad un'intera battuta?)

Battuta 8: Adesso il punto culminante del testo (quarto tempo) risulta nel II grado effettivo… e con un espressivo ritardo del basso.

Battuta 9: Il disegno di semicrome con ritmo dattilo di contralto e tenore serve come mini-pausa per riprendere maggior impulso.

Battuta 10: Gli acuti dei violini preannunciano il ritorno dei brillanti soprani.

Battuta 11: Finalmente un enfatico ritmo omofonico per tutte le parti.

Battuta 12: Il primo e il secondo tempo sono uguali, con ossessiva efficacia.

Battuta 13: C'era bisogno di una battuta con maggior varietà armonica. L'entusiasmo ignora le quinte dirette che si producono tra tenore e basso (o forse Haendel ci suggerisce che il popolo, nel suo furore di turba esaltata dimentica le buone maniere delle regole contrappuntistiche…).

Battuta 14: Un effetto di nostalgia rinascimentale (le due voci acute, tipo *bicinia* di Lasso).

Battuta 15: Tutta questa battuta serve per accumulare energia fino al *climax* del terzo tempo di battuta 16. Questa accumulazione è accresciuta dai salti di quarta e, nel caso del secondo violino, di ottava!

Battuta 16: Il *climax* coincide con gli acuti del secondo violino e il ritardo 7-6. A questo segue, come intelligente rilassamento, una generale breve pausa di croma.

Battuta 17: Le reiterazioni enfatiche alternano dominante e tonica.

Battuta 18: Qui, al contrario, si alternano sottodominante e tonica, come per prendere impulso, ancora una volta, prima del *climax* dissonante del secondo tempo di battuta 19.

Battuta 19: Effetti già visti (battuta 8). Non riusciamo a spiegare il salto nella viola (avrebbe potuto evitare il *Re* acuto, con un sereno *La*), a meno che Haendel desiderasse in quel punto un violento accento. Se non riusciamo a spiegare questa nota, la nostra perplessità si noterà al concerto!... O ci motiverà a trovare qualche soluzione più concettuale per una futura riedizione…

Battuta 20: Legare con freccia verso il *Re* acuto del primo violino (salto altrimenti ingiustificabile), come sottolineando un bellico eccesso.

Battuta 21: Dopo aver impiegato un'armonia abbastanza rudimentale (accordi dal carattere guerresco) in tutto il numero, qui ogni croma richiede un nuovo accordo, per concluderlo e calare il sipario sulla scena con questa variazione molto efficace del ritmo armonico.

Battuta 22: Crediamo che una nota breve ed accentata dia l'idea di qualcosa di categorico e conclusivo.

In sintesi, non siamo riusciti a giustificare OGNI nota... ma abbiamo migliorato la definizione del nostro microscopio. C'è ancora molto lavoro da fare!

Adesso, con criterio analogo, cercheremo di giustificare ogni battuta di un'Aria solistica, con un maggior dettaglio rispetto agli esempi precedenti (125, etc.)

E.2 Aria *"Ah! Wretched Israel"*

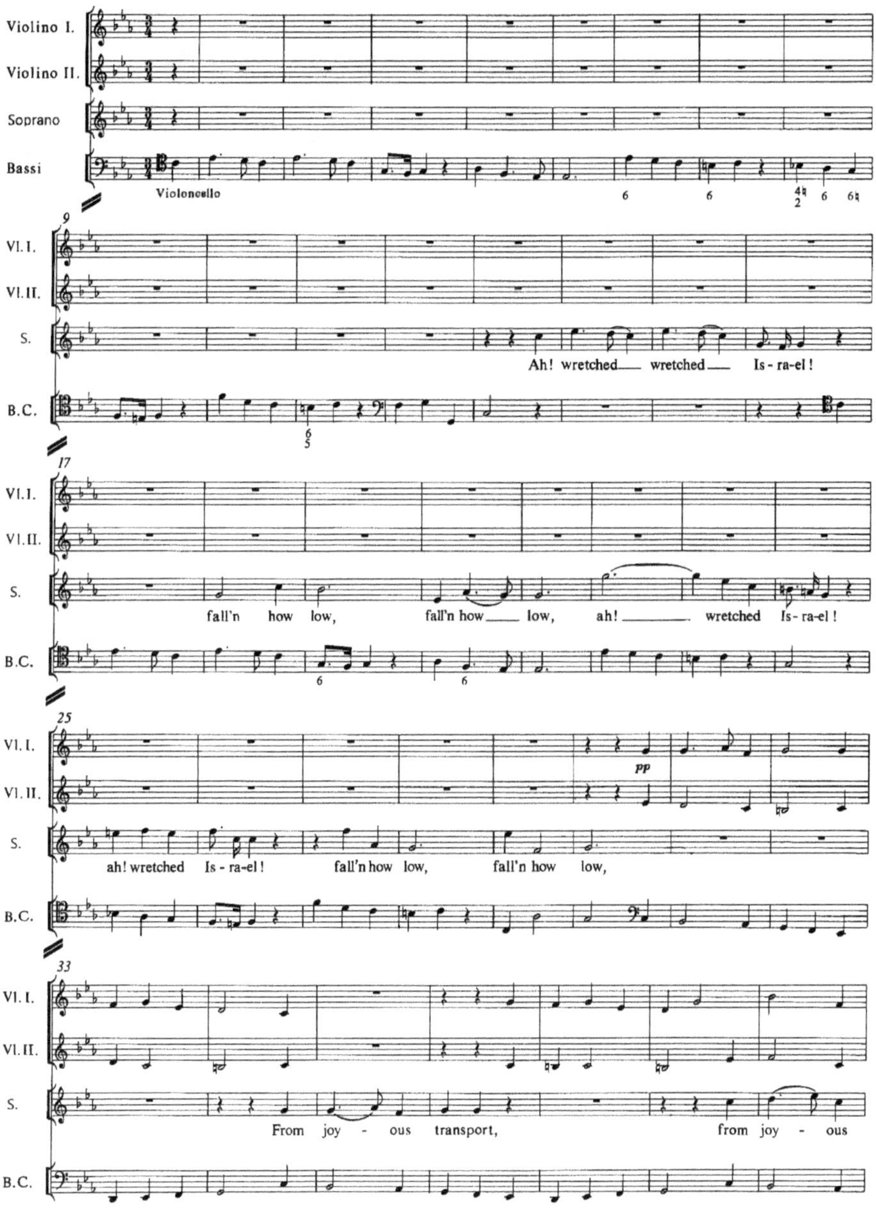

Sigue el coro.

La voce solista inizia con la tonica, ma non con il **sollievo** di un inizio di battuta, bensì nella situazione di **tormento** del *levare*.

La distribuzione del testo alle battute 14 e 15, in controtempo (come un'eredità monteverdiana), giustappone uno pseudo-ritmo di 6/8 al ritmo di 3/4 del continuo. Questo raffigura la **contrarietà**.

Battuta 16: L'arpeggio di do minore riposa sulla quinta: **instabilità**.

Battuta 18: La solista attacca con la stessa nota appena lasciata, con un salto di **sorpresa** su *"how"* e una discesa non già al *Si naturale*, ma al *Si bemolle*: **angoscia**.

Battuta 20: Stesso *Affetto*, ma con maggior **dolore** e **rassegnazione** (grazie alla tessitura grave e alla sospensione del testo nel galleggiante punto).

Battuta 22: L'acuto è un **grido**.

Battuta 23: L'accordo precipita: **collasso**.

Battuta 24: La parola *"Israel"*, quella col maggior contenuto affettivo, ha sempre questo ritmo puntato, come qualcosa di incompiuto: **precarietà**.

Battuta 25: L'accordo di primo grado con settima sottolinea il **dramma**, e l'oscillazione *Mi-Fa-Mi-Fa* tratteggia lo **sconcerto**.

Battuta 26: In questo caso la caduta di Israele viene marcata con maggior sensazione di **disfatta**.

Battuta 27: Si invertono i termini della battuta 18: **alterazione**.

Battuta 29: Qui il salto (settima) è il **disfacimento** totale.

Battuta 35: La nuova frase testuale adotta una distribuzione sillabica contrastante con quella dell'inizio: **speranza**.

Battuta 39: Moduliamo, per alcuni istanti, al modo maggiore: **fede**.

Battuta 40: La parola *"transport"* genera una dimensione quasi metalinguistica, allargando la frase: **coraggio**.

Battuta 41: Questa è la battuta con maggior ritmo armonico, poiché ogni tempo corrisponde ad un nuovo accordo: **visione panoramica**, prospettiva ottimista per un brevissimo istante.

Battuta 42: La solista canta quest'unica sillaba, tenacemente onomatopeica: **sconfitta**.

Da qui in avanti, nelle poche battute che chiudono quest'Aria, si ripetono gli stilemi, ma con ritmo di maggior ansietà: **disperazione**.

E, poiché non basta il grido solitario, a seguire si aggiunge, con identico testo e affetto, il coro.

F. APPENDICI

I seguenti abbozzi tematici hanno a che vedere con un punto di vista più "filosofico" che meramente acustico.

Se ricordiamo che al tempo del Barocco i musicisti vantavano una robusta formazione umanistica e si consideravano "pensatori", oseremo nei confronti delle loro opere un approccio meno unilaterale e più vicino allo spirito dell'epoca. Bach, Haendel, Telemann e in generale tutti i loro colleghi si occupavano di letteratura, di matematica, di storia. Oggi lo studio specializzato (in qualunque ramo del sapere) non ci permette di avere questo attitudine "panoramica" della cultura. Anche nell'ambito musicale siamo molto più limitati che un tempo: basta pensare che un musicista barocco sapeva suonare numerosi strumenti, cantava, componeva, improvvisava!

F.1 Metalinguistica

Il linguaggio barocco utilizza numerosi stilemi, molto presenti in composizioni estese e di carattere drammatico come gli oratori.

Suggeriamo di seguire varie fonti: la *Teoria degli Affetti*, l'appassionante disciplina chiamata *Retorica Musicale* e testi illuminati come il lavoro pioneristico di A. Schweitzer (1955) o dell'esplicativo libro di Deryck Cooke (1959).

Come abbiamo suggerito nel Capitolo 3, PRIMA di consultare questi brillanti testi possiamo domandarci:

Quale affetto può rappresentare la seguente figura?

E, reciprocamente, come immagino che un musicista barocco disegni le LACRIME?

Come curiosità, segnaliamo alcuni casi che incitano ad un'interpretazione fortemente allusiva. Come, ad esempio, quando Haendel anticipa *ante litteram* disegni che in seguito saranno adottati con successo nella letteratura musicale. Nell'oratorio *Susanna* (1749) il destino minaccia la protagonista con queste note (Recitativo *"What means this weight that in my bosom lies"*):

Cosa fare? Mantenere una certa ingenuità anacronistica… o sottolineare la carica beethoveniana?

Altro caso esemplare: Haendel anticipa giochi timbrici molto audaci. Sempre in *Susanna*, quando la protagonista intuisce la sua tragica caduta… appare questo accordo degli archi (Aria *"If guiltless blood be your intent"*):

con tutti i registri invertiti!

F.2 Intonazione

Questo tema implica un punto di vista distinto da quello tradizionalmente adottato per il repertorio romantico.
Nell'approccio ottocentesco imperano le seguenti variabili:

    a. Il temperamento equabile (l'ottava suddivisa in 12 semitoni identici) e, paradossalmente

    b. la tendenza ad intonare molto alte le sensibili (per esempio prendendo il *Sol diesis* più acuto del *La bemolle*).

Al contrario nel Barocco, come ci mostrano le ricche informazioni reperibili nei trattati dell'epoca, possiamo dire, in estrema sintesi:

    a. Esistono un'infinità di intonazioni diverse (*Werchmeister, Kirnberger*, ecc.).

    b. I diesis sono più gravi dei loro vicini bemolle.

Questo rispetto all'**intonazione relativa** (gli intervalli). Per quanto riguarda l'**intonazione assoluta**, vale a dire il diapason, il La nel Barocco del secolo XVIII non era a 440 Hz, ma generalmente a 415 Hz, o addirittura più basso, come in Francia (392 Hz). Pertanto, se approcciamo la nostra investigazione con sottile discriminazione di epoca e geografia, possiamo incontrare una varietà molto ampia di situazioni.

F.3 Il ruolo dell'Improvvisazione

L'improvvisazione è la madre dell'ornamentazione. Senza la prassi improvvisativa, l'ornamentazione si converte in mera imitazione, esercizio accademico.

Per questo è molto importante allenare questa pratica. Si può esercitarsi cominciando con *Grounds*, bassi ostinati, *Ciaccone*.

In alcune occasioni, la partitura sembra aver cristallizzato un momento di pura improvvisazione, come un effetto speciale nel sonoro di un moderno film.

Così nell'oratorio *Susanna* di Haendel incontriamo le seguenti battute (21 e successive) che arrivano in un momento molto drammatico della vicenda. Questo passaggio schematico, scritto solo nel continuo, non ha un valore musicale ma descrittivo, ed è un vero e proprio "schizzo" che sembra dirci: qui inserire un'improvvisazione frenetica, percussiva, ossessiva".

Infine ricordiamo che una buona interpretazione, nei ruoli solistici, richiede la freschezza di un'improvvisazione. E un'attitudine spensieratamente improvvisativa è ciò che permette al direttore di assumere un ruolo di identificazione: nel momento dell'esecuzione lui È il compositore, come se creasse "in tempo reale".

Quanto minore sarà la sensazione di intermediazione, tanto maggiore sarà l'emozione trasmessa a chi viene diretto e agli ascoltatori.

F.4 Implicazioni ed equivalenze delle Ornamentazioni

Ornamentazione e dinamica spesso si equivalgono, coincidono, si rimpiazzano l'una con l'altra, indistintamente.

    a.   In molte occasioni posso sostituire un trillo con un accento, e viceversa.

Analogamente, un "vibrato di dita" di uno strumento a fiato ("*flattement*" nella musica francese) e un *crescendo* si equivalgono.

    b.   Una nota lunga può richiedere un'ornamentazione molto sfarzosa ed elegante; se non la faccio, posso sostituirla con un luminoso crescendo.

In ogni caso, mi chiedo: in questa circostanza posso ricorrere con maggior disinvoltura e convinzione all'ornamentazione o alla dinamica? E scelgo di conseguenza.

F.5 Esempi di ornamentazioni

Nel formidabile trattato di Quantz (1752: 223) c'è un minuzioso esempio:

Anche i movimenti veloci si prestano all'ornamentazione, soprattutto nella forma della variazione chiamata *"Double"*. Ne esistono molti esempi in Bach, Mattheson, Haendel… Accludiamo qui una nostra proposta, per un movimento di una Sonata di Telemann.

Versione originale:

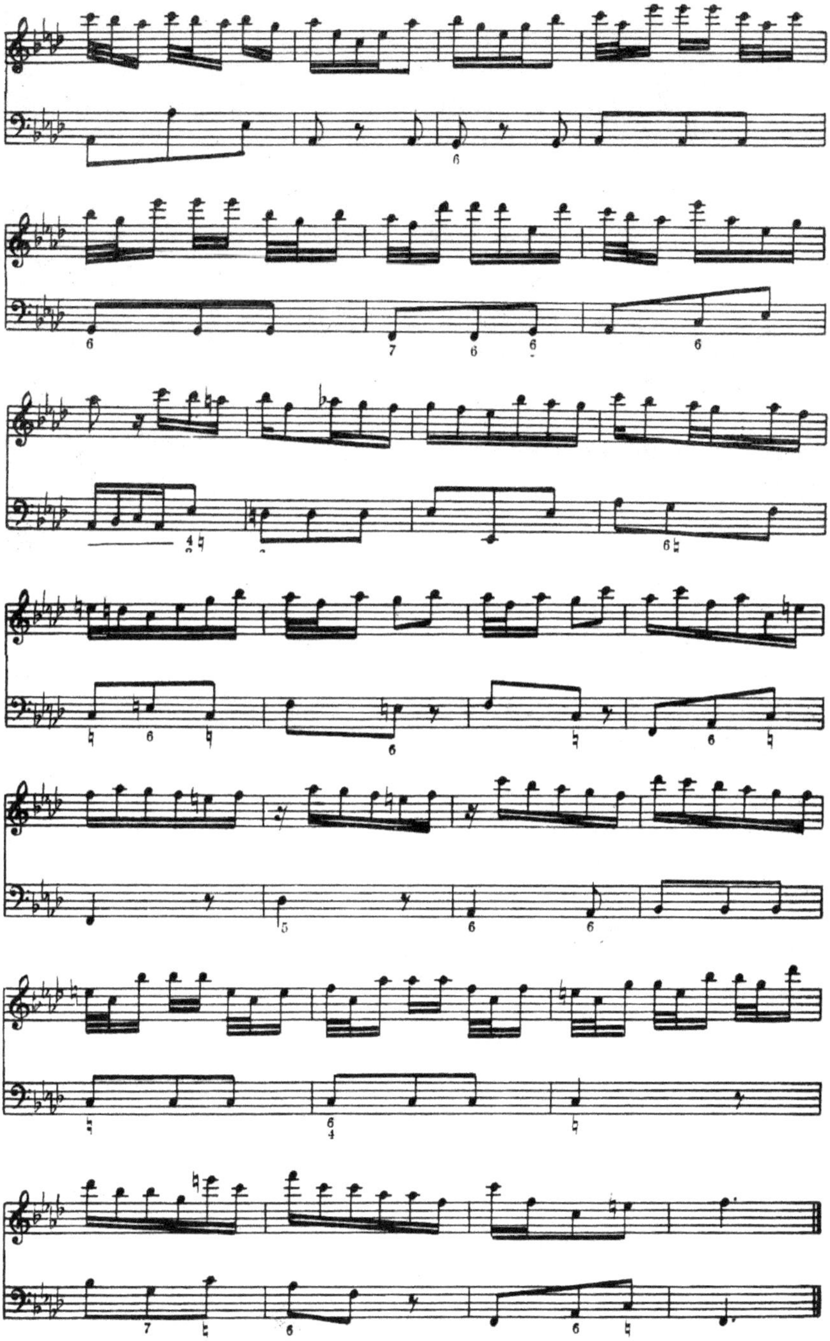
6
6
7 6 6
6
4 ♮
6 ♮
♮ 6 ♮
6
♮
6 ♮
5
6 6
♮
6
4
♮
7 ♮
6
6 ♮

Double:

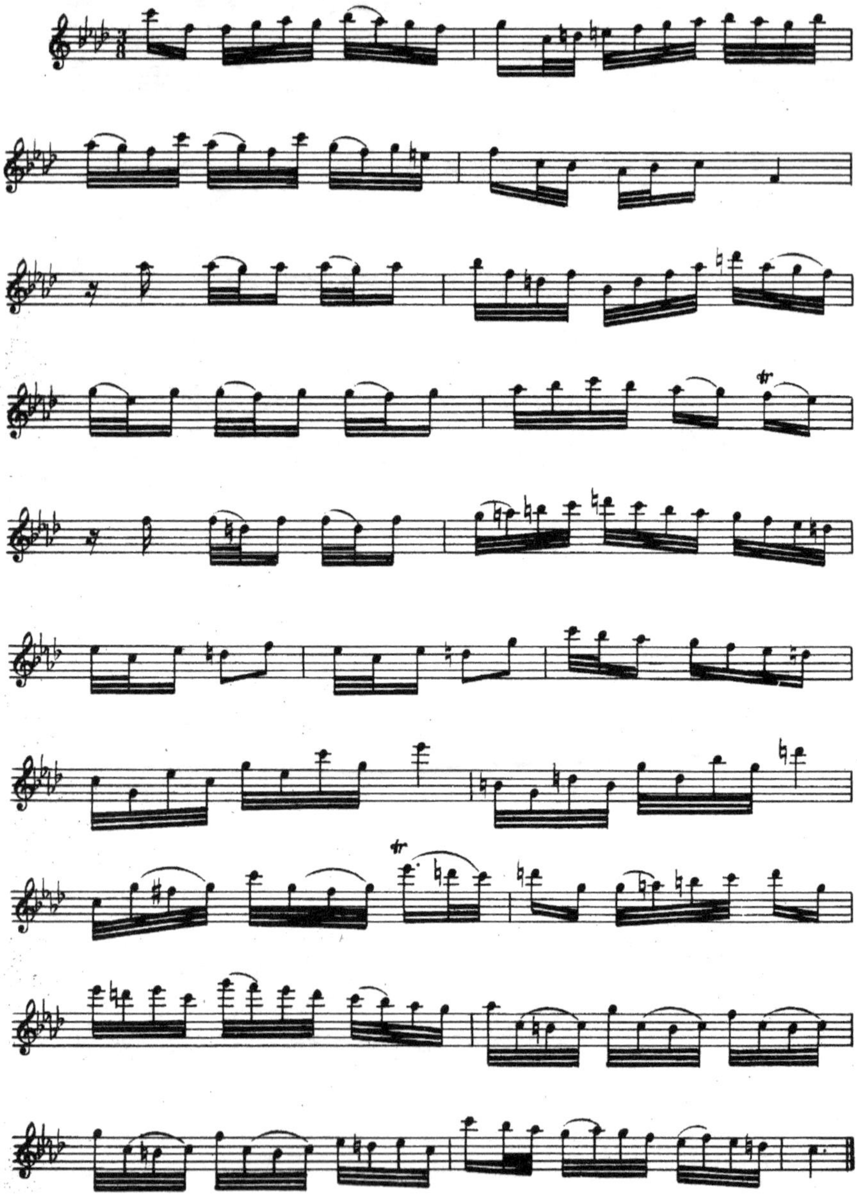

F.6 Arcate

Proponiamo qui alcuni esempi tratti dall'oratorio *Giuda Maccabeo*, per avvicinarci all'estenuante compito di pensare e collocare le arcate. Chi si diverte col Sudoku si appassionerà certamente anche a quest'attività! Soddisfazione doppia aspetta chi non è un virtuoso dell'arco: analizzare l'opera distillandola minuziosamente, acquisendo così l'autorità necessaria sugli strumentisti ad arco… sempre disposti a contestare i direttori impreparati!

Conviene comprendere e pensare col linguaggio degli archi, per evitare inutili discussioni durante le prove (cronicamente limitate dal tirannico orologio!).

Molte volte la modifica di un'arcata aiuta la musicalità di un passaggio poco interessante. Inoltre, l'arte di collocare bene le arcate bendispone gli strumentisti che dirigo, comunicando che conosco l'argomento e che ho elaborato una mia proposta per la prova. Come abbiamo già commentato, una parte vuota è ben poca cosa rispetto ad una che già possiede alcune indicazioni suggerite dalla mia matita.

Sappiamo che le necessità romantiche hanno portato a cambiamenti che vanno dalla forma dell'arco al modo in cui viene usato e amministrato. Gli archetti antichi avevano una curva molto pronunciata verso l'esterno (come un vero arco), mentre quelli moderni e gli attuali sono leggermente arcuati verso l'interno. La lunghezza e il peso sono pure molto diversi, essendo gli archetti barocchi molto più corti e leggeri! Si possono "emulare" il peso e la lunghezza di un arco barocco utilizzandone uno moderno impugnandolo 10 cm più su del tallone.

In questo modo, il famoso *legato* ottocentesco, nel quale un'unica arcata sostiene il suono di molte note (il nostro paradigmatico melisma) sarà sostituito nella prassi stilistica dal semplice (ma espressivo) *detaché*: ogni nota è suonata con un'arcata distinta. Questo ci permette di controllare l'intensità, l'articolazione e il movimento di ciascun suono, in modo che il nostro melisma sia libero e variato, rispetto all'omogeneo e convenzionale *legato* del secolo XIX.

Esporremo in alcuni esempi tanto le arcate barocche da noi suggerite, quanto le arcate moderne proclamate dalla tradizione del Romanticismo, per stabilire una sorta di comparazione didattica.

Alcuni criteri di base:

*   Passare l'arco "tirando": si usa quando si attacca in *battere*. Questo modo di far scivolare l'arco, per la sua corrispondenza con la direzione della gravità, implica una certa accentuazione o scarica di suono che lo rende adatto per i tempi forti. Si dice anche "arcata in giù", e si rappresenta con questo simbolo:

*   Passare l'arco "spingendo": modalità usata soprattutto per i *levare*, giacché, al contrario del movimento descritto in precedenza, questo modo di passare l'arco va contro la gravità, e pertanto renderà l'attacco leggero e in sottile *crescendo*. Possiamo anche stabilire per questo movimento un'analogia con *arsis* (inspirazione, presa di energia), e per quello contrario con *tesis* (espirazione, rilascio di energia).

Generalmente questa arcata viene chiamata "in su", in contrapposizione a quella descritta precedentemente. Viene rappresentata con questo simbolo:

V

- In polifonia, riprodurre il medesimo schema di arcate per ogni strumento che suona il tema.
- In omofonia, fare in modo di ottenere un'omogeneità delle arcate, anche quando uno strumento abbia qualche nota in più rispetto agli altri.
- Sulla parte di ogni strumentista annoteremo soltanto i cambi di arcata che modificano la normale alternanza di arcate in giù e in su. Se un *levare* presenta una sola nota, lo strumentista saprà che il suo primo suono sarà "in su", e quindi non dovremo segnarlo. Invece sulla nostra partitura potremo annotare tutte le arcate, per poter localizzare facilmente le posizioni di tutti gli archi quando in prova si dovrà ripetere un frammento qualsiasi.
- Le legature "di arco" (abbracciare una sequenza di varie note con una singola arcata) erano considerate un abbellimento, qualcosa di eccezionale (come già abbiamo detto parlando del vibrato). Dosarle con cura.
- Infine, sarà sempre meglio poter contare su parti orchestrali "pulite", cioè prive di qualsiasi suggerimento editoriale e quindi pronte alla nostra matita. Normalmente il materiale orchestrale presenta modifiche o aggiunte rispetto al facsimile, apportate dai revisori editoriali o... da altri musicisti che hanno già usato quelle parti. Quindi il primo lavoro da fare sulle parti sarà eliminare ogni segno estraneo alle nostre decisioni espressive.

1.   Un esempio estratto dall'*Ouverture* del *Giuda Maccabeo* ci permette di visualizzare come eseguire passaggi di questo tipo, così ricorrenti nelle *ouverture* di stile francese. Otteniamo un carattere puntato e solenne separando ogni nota lunga da quella corta successiva, e unendo invece quest'ultima alla nota lunga seguente. La prima nota della battuta non presenta un'indicazione di arcata perché convenzionalmente si esegue "in giù".

2.   Sempre nell'*Ouverture*, in questo altro passaggio "riprendere" l'arco (che significa passare due volte l'arco verso il basso, "in giù") ci darà una cesura tra la prima e la seconda nota; oltretutto con un valido accento su quest'ultima. È un momento interessante di questo brano polifonico, giacché riunisce violini e viola in un'omoritmia che accenta il secondo tempo della battuta!

3.   Le semicrome costituiscono il valore più piccolo nell'*Ouverture*. Pertanto, in accordo con il nostro commento nel Capitolo 5, punto 3, questo sarà il valore da eseguire con un *portato*; articolazione contrastante rispetto a quella di esecuzioni "moderne", nelle quali di solito i valori piccoli si eseguono con uno *staccato*.
A battuta 119 il melisma è rimpiazzato da note ripetute: in questo momento la funzione della parte diventa ritmica, e pertanto la sua articolazione sarà più separata, analoga ad uno *staccato*.

4. Nel Coro precedente l'Aria "*Arm, arm ye brave*" incontriamo il ritmo di galoppo commentato nell'esempio n. 82. Per rafforzare l'effetto percussivo delle semicrome, proponiamo di riprendere l'arco all'inizio di ogni gruppo. Nell'esecuzione moderna, un passaggio analogo sarebbe probabilmente risolto con un *jetté*, alleggerendo. Le seminimine, secondo il criterio del Capitolo 5, punto 3, sono in *staccato*. Così come anche le crome, a meno che non mostrino un comportamento melismatico di grado congiunto.

5. Nel Coro "*Lead on, lead on*" incontriamo una delle funzioni più frequenti negli archi: il raddoppio delle voci. Poiché nella parte dello strumentista non è presente il testo cantato (benché sarebbe un buon contributo offrire questa informazione annotandolo a mano), dobbiamo uniformare l'articolazione e la dinamica che derivano dalla pronuncia e dalla prosodia di detto testo.

Consideriamo il seguente frammento:

La parte del primo violino, di conseguenza, richiederà le seguenti annotazioni:

con le quali cercheremo di amministrare le arcate in modo che le sillabe accentate siano eseguite "in giù". Per farlo, potremo lasciare gli accenti che derivano dal normale fluire dell'arco come nel caso di battuta 7, poiché in questo caso coincidono con quelli del testo (il simbolo **V** sul *Re* è aggiunto per evitare di legare le semicrome come sarebbe convenzionale in casi come questo). Un caso differente si presenta a battuta 8, dove assegniamo lo stesso movimento di arco per le due prime crome, per arrivare all'accento sulla terza, come richiesto dal testo (*galling*). Una situazione analoga si verifica a battuta 9.

6. Consideriamo ora un esempio dal Coro *"Disdainful of danger"*:

A battuta 34 abbiamo un passaggio come quello descritto nell'esempio n. 103: una figurazione che richiede un colpo particolare dell'arco. Tutte le battute ternarie richiedono generalmente una particolare attenzione alle arcate, poiché essendo dispari i tempi della battuta, se facciamo scorrere l'arco "come viene", otterremo un'alternanza di battute che iniziano "in giù" e battute che iniziano "in su".

Suggeriamo pertanto le seguenti arcate:

La ridondanza nella notazione delle arcate può essere evitata, dato che, quando il disegno è lo stesso, lo strumentista capirà che resta la stessa anche la distribuzione delle arcate. Potremo pertanto esplicitare solo le arcate di battuta 34, 35 e 40.

7. Nel Coro *"Fallen is the foe"* abbiamo questo *incipit*:

Per iniziare comodamente le semicrome del primo violino, dobbiamo indicare che le arcate sulle crome devono andare verso l'alto, cioè "spingendo". Per i restanti strumenti adottiamo il medesimo criterio, poiché, pur non continuando a suonare nella prima battuta, nella seconda hanno anche loro una situazione analoga. Quindi sulla parte del primo violino annoteremo in questo modo:

Abbiamo aggiunto, per precauzione, le parentesi attorno al *Re* grave, dato che, cadendo sul tempo forte e con un arcata discendente, sarà molto propenso all'accento, quasi per inerzia (vedi esempio n. 189).

In ogni modo, abbiamo la possibilità di non cambiare la direzione dell'arco sulle crome e di farlo invece sulla seconda semicroma, che sarà verso l'alto, come la prima.

Come abbiamo visto, questo esempio illustra molto bene le possibili variabili della collocazione delle arcate.

8. Nello stesso Coro, incontriamo la fuga *"Where war like Judas wields his righteous sword"*:

In passaggi come questo, in cui la dinamica è completamente determinata dal testo, articoleremo i suoni con l'arco "come viene", cesellando, però, ogni nota con forchette, virgole, simboli di non accentazione ecc. (Vedi Capitoli 4 e 5).

Riprendere l'arco su ogni parola o sillaba sarebbe esagerato (Vedi esempio 4 di questa sezione), considerando che siamo in una velocità piuttosto sostenuta.

9. L'inizio dell'Aria *"How vain is man who boasts in fight"* presenta il ritmo dattilo, che non ci farebbe considerare efficace la legatura. Essa può essere valida solo se accompagnata da un *diminuendo* (ricordiamo il nostro esempio sulla parola Ba-roc-co - Capitolo 5, punto 4). Oppure, potremmo anche prescindere dalla legatura per guadagnare in chiarezza, e amministrare le arcate in modo da ottenere la medesima dinamica:

Un'altra opzione potrebbe essere quella di legare tutto lo sviluppo dei trilli alle battute 3 e 4 (cioè le ultime tre note della battuta).

10. Nella seconda parte della medesima Aria incontriamo un colpo d'arco prototipico dell'epoca barocca (che incontreremo di nuovo solo in opere composte nel secolo XX!), il **vibrato d'arco**:

Questo effetto-affetto sta a metà strada tra la nota lunga e la sua suddivisione in valori più piccoli. Per produrlo, lo strumentista premerà l'arco sulla corda secondo la figurazione scritta, ma senza sollevarlo completamente tra una nota e l'altra. L'effetto ottenuto è quello di una nota lunga accentata secondo le sue suddivisioni (Vedi anche il suo uso nella Sonata della Cantata II "*Ad genua*" del *Membra Jesu Nostri* di Buxtehude – 1680, o in opere di Kuhnau).

Nell'esecuzione moderna, questa notazione determinerebbe semplicemente un effetto visivo, nel quale le quattro note legate verrebbero suonate con l'arco nella medesima direzione ma separandole mediante una sospensione dello stesso.

11. Nell'Aria "*Ah! Wretched Israel*", incontriamo questo passaggio:

A battuta 31 abbiamo un disegno ritmico già commentato negli esempi 6 e 9 di questa sezione, in questo caso tradotto in semiminime e crome. Prendiamo le medesime decisioni in quanto alle arcate.

A battuta 33, come abbiamo già evidenziato (riconsiderando i commenti dell'esempio n. 116), il ritmo suggerisce un clima di minuetto. Pertanto, useremo uno speciale disegno per le arcate, che implica una delle poche legature che crediamo essere necessarie. Come qualsiasi legatura nel barocco, implica *diminuendo* e cesura successiva.

12. Nel Coro che accompagna l'Aria dell'esempio precedente, incontriamo una situazione analoga:

Proponiamo, pertanto, arcate derivate dal coro:

13. Osserviamo adesso il seguente passaggio dell'Aria *"The Lord worketh wonders"*:

Per conservare la regolarità delle arcate verso il basso sui tempi forti, assegniamo un'arcata discendente alla prima semicroma di battuta 7. Mettiamo un segno opportuno anche sulla croma che inizia la scala per evitare che l'arco venga sollevato dalla corda con un brusco effetto tipo "singhiozzo". Come abbiamo già commentato nell'esempio n. 3, le semicrome, essendo il valore più piccolo, saranno *portate*. Di conseguenza le crome saranno *staccate*. Potremmo stabilire una piccola convenzione: la croma che precede un gruppo di semicrome "si contagia" della stessa articolazione e diventa quindi, più lunga. Designiamo questa modalità come "articolazione retrospettiva".

A battuta 8 l'arco viene fatto scorrere "come viene", fino alla cadenza, dove aggiusteremo le arcate in modo da finire verso il basso.

14. Un altro caso di ritmo di minuetto appare nell'Aria *"Wise men, flattering, may deceiveus"*:

Abbiamo risolto la prima battuta cambiando l'arcata sulla prima semicroma, in modo da avere il trillo con un'arcata in su e arrivare al battere della seconda battuta con un arcata in giù.

15. All'inizio del duetto *"O lovely peace"* incontriamo una danza pastorale:

Dato il carattere di pace che desumiamo dal testo, questo è un buon momento per considerare il *legato* (più note suonate con un'unica arcata). Con un solo aggiustamento (battuta 1) otterremo fluidità e coerenza delle arcate, e pertanto non sarà necessario segnare altro. Infatti, la prima nota della battuta 1 sarà per convenzione verso il basso (attacco in battere), e per ordinare tutto il resto del frammento, manteniamo la stessa direzione dell'arco anche per la croma seguente, ottenendo così la giusta alternanza per le restanti arcate.

Come possiamo osservare grazie a questi brevi esempi, mentre nel Romanticismo è la mano sinistra degli strumentisti ad arco (quella che preme le corde) che dà forma all'espressività (vibrato, glissando, armonici ecc.), nel Barocco le inflessioni espressive si concentrano nella mano destra.

BIBLIOGRAFIA:

BUKOFZER, Manfred, *La música de la época barroca. De Monteverdi a Bach* [1947], Madrid, Alianza editorial, 1986.

COOKE, Derek, *The language of music,* Oxford, Oxford University Press, 1959.

DAHLHAUS, Carl, *Fundamentos de historia de la música* [1977], Barcelona, Gedisa, 1997.

DONINGTON, Robert, *Baroque Music: Style and Performance*, London, Faber Music, 1982.

DOLMETSCH, Arnold, *The Interpretation of the Music of the Seventeenth and Eighteenth Centuries revealed by Contemporary Evidence*, London and Seattle, University of Washington Press/Novello, 1915.

RIEMANN, Hugo, *System der musikalischen Rhthmik und Metrik* [1903], Parte 2, Vaduz, Sändig Reprint Verlag, 1993.

RINK, John, *La interpretación musical* [2002], Madrid, Alianza editorial, 2006.

ROTSCHILD, Fritz, *The Lost Tradition in Music*, London, Adam & Black, 1953.

ROTTMANN, Kurt, *"La interpretación de la música barroca"*, en Revista Musical Chilena, vol. 14, n° 72, Santiago de Chile, 1960.

FONTI DELL'EPOCA:

BACH, C. P. E., *Versucht über die wahre Art das Clavier zu spielen*, Berlin, Henning, 1753.

BEMETZRIEDER, Anton, *Leçons de clavecin, et principes d'harmonie*, Paris, Bluet, 1711.

BROSSARD, Sebastien de, *Dictionnaire de musique*, Paris, Ballard, 1703.

CACCINI, Giulio, *Le nuove musiche*, Firenze, Marescotti, 1602.

COUPERIN, François, *L'Art de toucher le clavecin*, Paris, Ed. del autor, 1716.

FANTINI DA SPOLETI, G., *Modo per imparare a sonare di tromba*, Frankfurt, D. Vuastch, 1638.

MATTHESON, Johann, *Der vollkommene Capellmeister (el completo Maestro de capilla)*, 1739: http://imslp.org/wiki/Der_vollkommene_Capellmeister_ (Mattheson,_Johann)

MOZART, Leopold *Método de tocar el violín* [1765], Copia manuscrita en castellano, en Música, Revista del Conservatorio Real de Madrid n° 12-13, 2006.

QUANTZ, Joachim, *Trattato sul flauto traverso* [1752] (Sergio Balestracci ed.), Libreria Musicale Italiana Editrice, 1992.

Gli Autori

Sergio Siminovich
Si è diplomato in Direzione d'Orchestra presso la Facoltà di Belle Arti della *Universidad Nacional de La Plata* (Argentina). Si è perfezionato in Francia con Jean-Pierre Rampal; all'Università di Nottingham (Regno Unito); alla Guildhall School of Music e al Conservatorio Reale dell'Aia (Olanda). Si è specializzato negli oratori barocchi con Francis Baines, Phillip Pickett e John Alldis.
È Direttore Artistico del Centro Italiano di Musica Antica di Roma (CIMA), che ha fondato nel 1978, e della *Sociedad Haendel* di Buenos Aires, fondata nel 1991. Con entrambe le formazioni ha diretto l'intera produzione degli Oratori di Haendel Nel 1996 è stato nominato Direttore del Coro Polifonico Provinciale di Santa Fe, ruolo che ricopre ancora oggi.
È Professore Ordinario della Cattedra di Direzione Corale della Facoltà di Belle Arti della *Universidad Nacional de La Plata*. Dal 1989 al 1990 è stato titolare della Cattedra di Interpretazione Filologica del Barocco e Realizzazione del Continuo presso il Conservatorio di S. Cecilia di Roma. In Italia ha ricoperto anche il ruolo di Direttore stabile del Coro da Camera della RAI. Ha tenuto numerosi seminari di interpretazione di musica antica in Argentina, Stati Uniti, Svizzera, Italia, Spagna e Brasile.
e-mail: sersiminovich@yahoo.com.ar

Rodrigo de Caso
È violinista, pianista e compositore. Ha compiuto i suoi studi nel Corso di Laurea in Musica a orientamento Composizione presso la Facoltà di Belle Arti della *Universidad Nacional de La Plata* (Argentina). Si è perfezionato in Composizione presso l'Università della Georgia (USA) con Leonard Ball.
Attualmente ricopre il ruolo di Assistente presso la Cattedra di Direzione Corale III e Insiemi Vocali e Strumentali di Linguaggio Contemporaneo presso la Facoltà di Belle Arti della *Universidad Nacional de La Plata*.
Come strumentista e compositore, fa parte dell'ensemble di musica contemporanea del *DAMus-IUNA* e della *Sociedad Haendel* di Buenos Aires. Collabora strettamente con Sergio Siminovich in diversi progetti musicali ed educativi.
e-mail: decaso.rodrigo@gmail.com